少年愛讀世界史

3 上古史 II

羅馬帝國的盛衰

管家琪——著

總序

為什麼我們要讀世界史？

管家琪

也許你會遇上這樣一個朋友：她特別好強，成績一直名列前茅，對自己和周圍的人都有些苛刻，可是對小動物和大自然卻有著純粹的愛心。也許你會好奇，她的家是什麼樣子？她的爸爸媽媽是做什麼的？又是怎麼教育她的？為什麼她會在如此熱愛大自然的同時，對人似乎總是不大友善。

也許你又遇上另一個朋友：他比較文靜，平時很少主動說話，下課時間總是趴在桌上睡覺，你知道他住得挺遠，放學後總是一個人坐著公車離開。也許你會好奇，為什麼他會到這麼遠的地方來上學？當初這是他爸爸媽媽還是他自己的意思？現在他們全家又是怎麼看待這個決定？

也許你還遇上一種朋友：她為人隨和，很少和大家在一起哄鬧，也很少有什麼強烈的意見，從來不會刻意要求什麼，身邊總有幾個朋友，但是真正算得上深交的好像又沒幾個。也許你會好奇，她的過去是什麼樣子？在她的成長之路上有沒有發生過什麼特別的事？為什麼她似乎總是很難真正對別人敞開心扉，似乎總是與人保持著一定的距離？

如果我們不了解一個人的成長背景，包括生活的經歷，便無法明白一個人為什麼會成為現在這個模樣。單獨一個人是如此，由許多人所組成的社會、民族、國家，以及文明，也是如此。

這個世界在我們到來之前，已經存在了很長很長的時間。各個民族與文化，在不同的地理環境中，自然而然的成長，經歷過不同的世事變遷，孕育著他們各自對世界的理解，然後漸漸成為我們今天所認識的各個國家。過去的人，他們所經歷的過去事，透過文物證據與文獻記載所留下的寶貴資料，再經由後人的發掘、考證與解讀，就成了我們今天所看到的歷史。

總之，如果不了解歷史，我們便無法明白世界為什麼會成為現在這個模樣；而如果不了解世界現在的模樣，我們便難以給這個世界塑造一個更理想的未來。

這套【少年愛讀世界史】所講述的範圍是整個世界，而不是某一個地區、民族或國家。在西元二十世紀六十年代以前，以個別民族國家作為歷史研究的單元（比如說中國史、英國史、法國史等等），一直被認為是最合適的方式，那麼，為什麼現在我們需要從整體世界的角度來講述歷史呢？

這是因為到了二十一世紀，我們需要一個全球化的視角與觀點。隨著時代的變化，尤其是網路的發展與全球性移民不再是特殊現象以後，人與人之間的交流益發頻繁。現代的居民、不管是住在哪裡的居民，也比過去更容易在生活中遇見與自己截然不同歷史文化背景的鄰居。過去在很長一段時間之內，用來區隔人與人的民族、國家等社會學的邊界概念已逐漸被沖淡，一個嶄新的、以全人類為背景的人類文化正在逐漸形成。

同時，與二十世紀末一派樂觀的地球村情緒不同，二十一世紀的我們，正面臨著全球化在城市與鄉鎮發展極為不平均的困境。在當今保守主義的右傾與排外思潮的崛起下，如何平衡多元文化與傳統文化的衝突，也是二十一世紀世界史所需要思考的問題。

所以我們應該讀世界史，而且需要有系統的、順著時間脈絡來讀世界史。

這就是這套【少年愛讀世界史】的特色，這套書側重西洋史，但也會不時呼應、對照同一時期的中國史；這套書注重時間感，也注重人物，因為歷史本來就是「人的故事」，而且注重從多角度來呈現一件件重要的史實。

最後，感謝字畝文化，讓我有機會來做這樣一個極有意義的工作。也感謝老友伯理，給了我極大的協助，讓我能順利完成這套世界史。

目次

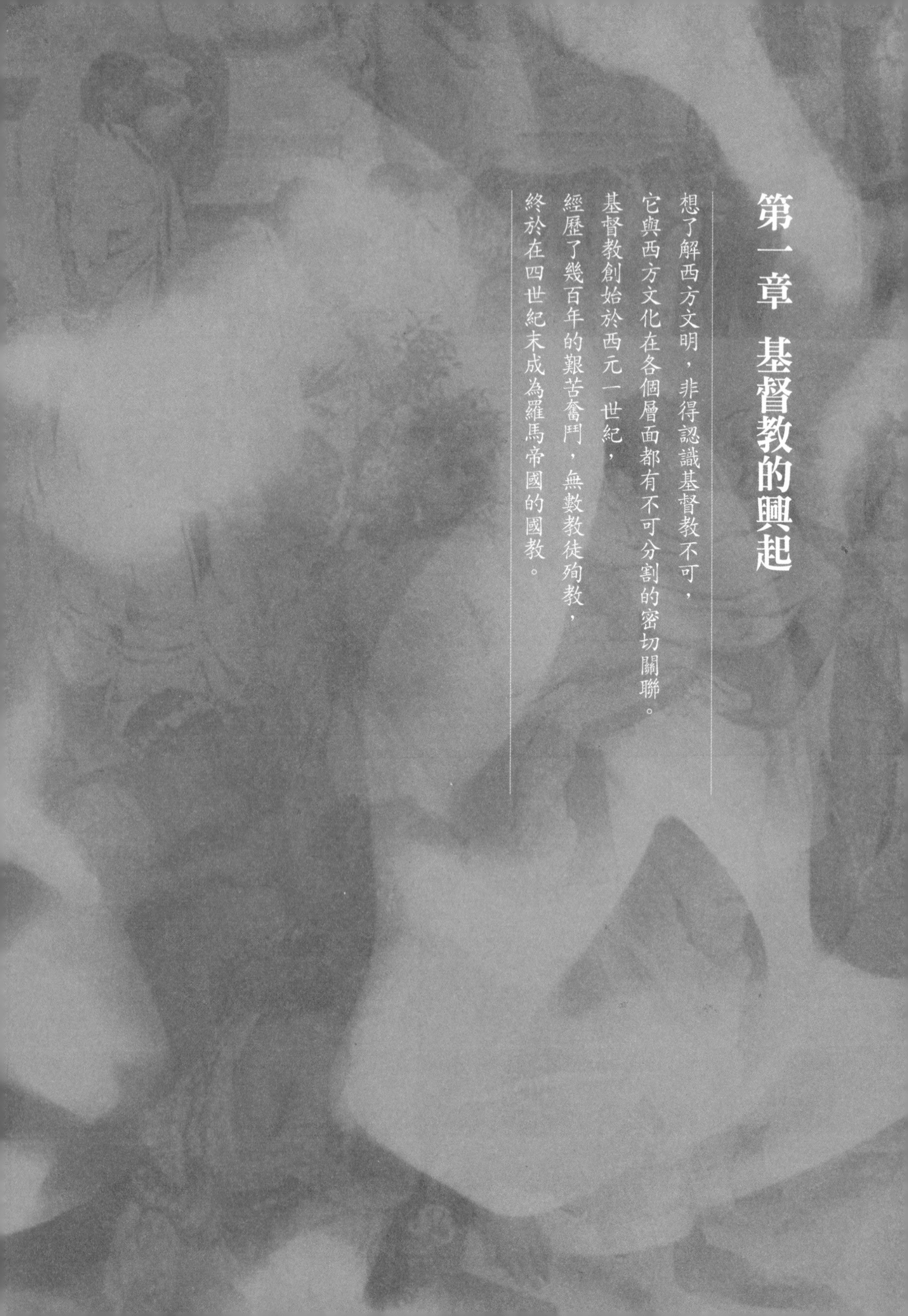

第一章 基督教的興起

想了解西方文明，非得認識基督教不可，
它與西方文化在各個層面都有不可分割的密切關聯。
基督教創始於西元一世紀，
經歷了幾百年的艱苦奮鬥，無數教徒殉教，
終於在四世紀末成為羅馬帝國的國教。

在上一卷「古典時代」（也就是上古史Ⅰ）裡，我們講述了西元前的歷史，而且已經講到進入羅馬帝國的初期。所以在這一卷，我們會繼續講述西元以後的歷史，重點會放在羅馬帝國的興衰以及基督教文明。

按時間先後順序，我們先來介紹一下基督教是如何興起的。

基督教不但是世界最大的宗教之一，也是西方文化中非常重要的元素，甚至有很多學者表示，是基督教把西方文化中各個不同的層面連結在一起。所以，不管我們是不是教徒，想要了解西方文明，就得多少了解基督教。

基督教創始於西元一世紀，經過將近兩百年的艱難發展，在西元三世紀時信眾逐漸普及，到了西元四世紀時大盛，並且在四世紀末（西元三八〇年左右）成為羅馬帝國的國教。

關於基督教的組織和傳播，我們會在第四章再做介紹，這一章裡我們只先來認識兩位基督教的重要人士，那就是耶穌基督和使徒保羅。

目前所知最早的全能耶穌蠟畫像，臉的兩邊神情不同，表現出他的神性與人性。

1 耶穌基督的故事

講到基督教，首先當然就得認識耶穌基督；如果沒有耶穌基督，世上根本就不會有基督教。耶穌對於整個世界的影響非常巨大。

很多人總以為西元元年是耶穌誕生之年，實際上這是一個誤解。耶穌誕生的時間大約是在西元前六至前四年。一般認為應該是「西元前四年」，因為這個說法有一個依據。根據記載，耶穌是誕生在希律王過世之前，而希律王是在西元前四年過世的。

希律王（西元前四〇～前四年）在西元前二〇年成為整個巴勒斯坦的王。《聖經》中說，為了殺死襁褓中的耶穌，希律王曾經下令要把伯利恆小鎮（今巴勒斯坦中部）所有兩歲以下的嬰幼兒全部殺掉。伯利恆就是耶穌的出生地，位於耶路撒冷西南方大約八公里處，在耶穌出生的那個時候，此地是屬於猶太王國，當時已在羅馬帝國的勢力範圍之下。

關於耶穌生平的記載很少，主要見於《新約聖經》。耶穌的生卒年不確定，真實名字也不詳，「耶和華」是大家公認、可能性最大的一個猶太名字。「耶穌」（Jesus）是希伯來文「Joshua」這個字的希臘文翻譯，意思是「救主」。你一定還聽過「耶穌基督」這個詞，「基督」（Christ）則是希伯來文「彌賽亞」（Messiah）

一詞的希臘文翻譯，意思是「受膏者」或是「受香膏者」，也就是「上帝所選中的人」。總之，後世只要一問起：「基督教的創立者是誰？」大家幾乎都會說是耶穌，或者耶穌基督（至於為什麼是「幾乎」，我們在下一章中會解釋）。

我們只知道耶穌是猶太人，塵世的父親名叫約瑟，是一個木匠，母親名叫瑪利亞。後世所說的「聖母瑪利亞」指的就是耶穌的母親。約瑟和瑪利亞訂了婚，但還沒有結婚瑪利亞就懷孕了，這令約瑟相當苦惱，認為瑪利亞不是一個貞潔的女子，考慮想要解除婚約。一天，他夢到有一位天神告訴他，是天神讓瑪利亞懷孕的，她懷的是上帝的兒子耶穌。既然獲得天神如此明確的指示，約瑟就放下心中的芥蒂，如約迎娶了瑪利亞。

據說耶穌是出生在馬槽裡，因為當天晚上約瑟帶著瑪利亞來到耶路撒冷，找不到合適的地方投宿，只好借住在一個馬廄。耶穌誕生之後，天使還特別向世人報佳音，告訴大家「救世主已誕生」。之後，約瑟和瑪利亞從天使那兒得到警告，及時帶著小耶穌前往埃及避難，後來才又回到老家拿撒勒定居。

據說，耶穌從小就知道自己的使命。大約在二十八或二十九歲的時候，他在約旦河接受「施洗者約翰」的施洗，成為約翰的繼承者，然後在三十歲左右外出

表現耶穌一家的木雕像，出自16世紀德國藝術家魏克曼。

傳道。在他短暫的一生當中，主要都是在拿撒勒活動，因此又有人稱他「拿撒勒人的耶穌」。

「施洗者約翰」公開傳道的時間只有一年，耶穌公開傳道的時間也不長，只有三年左右，然後便從容殉道。耶穌收了門徒十二人，叫他們也去傳道，並「給他們權柄趕鬼」。最初耶穌傳道的對象，大多屬於下層社會的農民和漁民。在很多民眾的心目中，耶穌不僅是約翰的繼承者，同時也是先知和救世主，追隨他的人愈來愈多。

耶穌不喜歡繁文縟節，講道內容很平易近人，並不是什麼高深的神學，譬如耶穌說：「虛心的人有福了，因為天國是他們的。哀慟的人有福了，因為他們必得安慰。溫柔的人有福了，因為他們必承受地土。饑渴慕義的人有福了，因為他們必得飽足。憐恤人的人有福了，因為他們必蒙憐恤……」

耶穌總是叫人不要貪財，不要心懷仇恨，不要論斷別人，還要順從父母等等。他還聲稱天國近了，要人悔改，還說凡是窮人和受到壓迫的人，都會在天國內被接受。

由於信眾人數不斷增加，再加上耶穌的言行被認為有從事政治煽動之嫌，使得羅馬當局日益感受到威脅。終於在西元三〇至三三年之間的一天，當耶穌偕同

逾越節——這是猶太人最重要的上帝的節日，同時也是早期基督教最重要的上帝的節日。

達文西繪作的《最後的晚餐》。

西蒙．武埃所繪《耶穌受難圖》。

十二門徒去耶路撒冷過**逾越節**的時候，門徒之一的猶大禁不起三十塊銀幣的誘惑，出賣了耶穌。耶穌在與門徒共進了最後的晚餐之後，當夜被捕，隨後就被釘在十字架上。耶穌臨死之前，還對行刑人表示自己會寬恕他們。

耶穌在死前曾表示，將於三日後復活，這就是基督教復活節的開始。

2 使徒保羅的故事

耶穌受難的時候還很年輕，才三十出頭，當時留下的信徒還不算很多。在耶穌過世後的最初幾年，這些信徒只是簡單的組織了一個規模很小的猶太人團體，後來多虧保羅的努力，這個小團體才得以逐漸壯大，最終成為世界最大的宗教之一。因此，有些人甚至主張，基督教的創立者應該是保羅（後世尊稱為「聖保羅」），而不是耶穌。然而，我們必須要說，儘管基督教是由於保羅才發展起來的，可保羅畢竟是將耶穌的教義發揚光大，如果沒有耶穌傳教在先，世上恐怕還是不可能有基督教。

保羅（西元五～六七年）比耶穌略小幾歲，兩人算是同一個時代的人。後世習慣把早期基督教團體派出去傳教的人稱之為「使徒」，因此大家也常稱呼他為

「使徒保羅」。保羅是基督教最偉大的傳教士，傳教的足跡遍及小亞細亞、希臘、敘利亞和巴勒斯坦。

不過，說來真有點兒不可思議，在耶穌死後，當基督教被視為異端、許多教徒都慘遭迫害時，保羅也曾經參與過這些迫害基督徒的活動。直到後來在一次前往大馬士革（今敘利亞首都）旅行期間，保羅（當時三十歲左右）夢見耶穌對他說話，醒來之後回想夢中的耶穌，無論是音容相貌或是言談舉止，都是那麼的栩栩如生，他因此大受感動，從此便改信基督教。

使徒保羅四處行腳傳教。此圖由義大利畫家蒙塔格納繪於 1482 年。

保羅也是猶太人，出生於西伯利亞地區的塔爾蘇斯城（今土耳其境內），是羅馬帝國的公民，但從小受到嚴格的猶太正規教育，長大後曾以製造帳篷為業。他在年輕時曾經赴耶路撒冷跟隨一位著名的律法教師學習。根據學者考據，在這段期間，保羅和耶穌都在耶路撒冷活動，但兩人應該沒有見過面。

保羅對基督教的貢獻不僅止於傳教，他還是基督教早期的重要神學家，在基督教神學發展的過程中發揮了不容忽視的作用，他的書信更是組成《新約聖經》

西元 1100 年所製作的聖保羅紀念牌。

伊甸園中亞當和夏娃被蛇誘惑偷嘗禁果的情景，繪於 1615 年左右。

的重要部分。《新約聖經》一共二十七章，其中至少有十四章都是出自保羅之手，保羅可以說是《新約聖經》最重要的作者。

保羅的思想，最重要的包括：耶穌不僅是人類的先知，耶穌還是神；耶穌為我們的罪過而死，以受難來拯救我們；任何人都無法擺脫**原罪**，唯有接受耶穌，我們的罪過才能得到寬恕等等。

若以基督教思想家的身分來看，保羅的地位可說無可比擬，後世無數基督教神學家都曾受到保羅的影響。正是因為保羅，基督教才脫胎換骨從一個原本屬於猶太人的小教派，成長為世界性的宗教。也正因為保羅的貢獻，使他成為影響全世界的重要人物。

保羅後來在耶路撒冷被捕，隨即被押往羅馬受審，最後在羅馬附近被處死，享年六十二歲。

不過，儘管羅馬當局採取各種殘忍的壓迫手段，還是不能阻止基督教不斷的流傳。到了西元一世紀末，除了早期的農民和漁民，許多擁有小面積土地的勞動者、商人、手工業者、甚至部分統治階層，都開始慢慢信仰基督教了。

原罪——這是基督教最重要的教義之一，這個概念是由保羅在〈羅馬書〉第五章第十二至十九節中所闡述的。簡單說，根據《聖經〈創世紀〉》的記載，人類的始祖是亞當和夏娃，原本住在伊甸園，後來被蛇所誘惑，偷吃了智慧果。這有違上帝的禁令，因此犯罪，這一罪過後來就傳給亞當和夏娃的後代，成為人類一切災難和罪惡的根源，這就是所謂的「原罪」。這個教義的基本精神在於認為人性本惡，人生就是一個贖罪的過程。

第二章　羅馬帝國前期

從西元前二八年屋大維改組羅馬政府，
一直到西元一八〇年最後一位「五賢君」奧里略去世，
這兩百年是羅馬帝國的盛世，也被認為是「人類最幸福的年代」。
這時期的羅馬帝國統治者，以「元首制」來包裝「君主制」，
不當皇帝卻能滴水不漏的掌握大權，過世之後還被當成神；
他們提拔有才幹的人、制定法律、獎勵文教，建立一個高效能的政府；
境內廣修道路、興建公共設施，羅馬文學也進入了「黃金時代」……

西元一四年，在屋大維（西元前六三～西元一四年）過世的時候，羅馬已經完成了由共和體制走向專制政體的過渡。現在我們要接續卷二末的內容，繼續講述羅馬帝國初期之後的歷史。

放眼全世界，在所有的古代帝國當中，羅馬帝國絕對是非常重要的一個。它一方面代表著古代文明的鼎盛時期，另一方面又是古老文化極其重要的傳播者。經由羅馬帝國的傳播，埃及、巴比倫、猶太人以及希臘文化才得以傳入西歐。

羅馬帝國在西元三九五年分裂成東、西兩個帝國，位於西歐的西羅馬帝國於西元四七六年因日耳曼人入侵而滅亡，在東歐的東羅馬帝國則多延續了一千年左右，直到西元一四五三年才亡於土耳其。

這一章，我們將著重講述羅馬帝國前期，也就是羅馬帝國盛世大約兩百年左右的歷史。

1 羅馬盛世的創業皇帝——屋大維

在羅馬歷史上，從屋大維時代一直到西元二八四年戴克里先皇帝（約西元二四四～三一二年）繼位，這段大約為期三個世紀的歷史，史學家一般都稱之為「元首政治時期」，因為屋大維自稱「元首」。

這段時期的政治體制有自己明顯的特色，既不同於之前的共和體制（雖然表面上看似乎仍是共和），也不同於之後絕對專制的帝政體制，因此有必要將這段時期特別區分出來。

追根溯源，羅馬帝國之所以能夠建立，和凱撒有很大的關係，因為凱撒在百年動亂之後維繫了羅馬的統一，而且他在摧毀了寡頭政治之餘，也讓專制體制初具雛形。然而凱撒此舉也引起許多支持共和體制、反對獨裁人士的不滿，導致凱撒於西元前四四年三月十五日在一次元老院的會議上遇刺身亡。根據史學家尤特羅匹斯的記載，當時參與行刺凱撒行動的竟多達六十餘人。

屋大維頭像。

凱撒的繼承人是屋大維，他接棒時年僅十九歲，經過十餘年的經營，在三十三歲的時候終於掃除所有政敵，成為羅馬唯一的主宰。屋大維的勝利，不僅是他個人的勝利，同時也結束了自從格拉古兄弟變法以來長達一個多世紀的政爭和內亂。屋大維帶給人們渴盼已久的和平，因此到處都在歌頌他的功德。

平心而論，屋大維的個人魅力似乎不如凱撒，也不如凱撒有名。凱撒的名字（Caesar）後來甚至成為一些帝王使用的頭銜，用來象徵一種極高的聲望，譬如俄國皇帝自稱沙皇（Czar）、德國皇帝自稱凱澤（Kaiser），「沙皇」和「凱澤」這些字都是出自「凱撒」。但如果要論及對於歷史所產生的影響，屋大維肯定是遠遠超過了凱撒。

也許你會問，前面不是才說「羅馬帝國之所以能夠建立，和凱撒有很大的關係」嗎？沒錯，但儘管凱撒對於羅馬共和國的解體有著非常關鍵性的作用，有一點我們不能忽略，那就是當時的羅馬共和國已經有如風中殘燭，在凱撒死後，共和政治也只再苟延殘喘了十三年便宣告覆滅，所以有不少史學家都認為，凱撒對羅馬帝國的貢獻似乎有被誇大之嫌；也就是說，凱撒對歷史的實際影響和他所獲得的巨大聲望似乎不成比例。羅馬帝國真正的奠基者、創業皇帝，其實是屋大維。

由於被人看出想要結束羅馬共和國、建立專制體制的心思，屋大維也曾經遇刺。屋大維明白帝國制度在當時恐怕還是很難被大眾所接受，所以就非常巧妙的以「元首制」來包裝「君主制」。而在經過多年內戰、終於得到和平之後，民意也逐漸顯示出：只要表面仍保有共和體制，他們已經願意接受一個能幹的、寬大的獨裁者。到了這時，那些試圖力挽狂瀾、希望能夠繼續保有共和體制的政治勢力，終究還是宣告失敗。

屋大維所建立的政治體制，在表面上仍然與元老院分治（又稱為「兩元」體制），但實際上是他一人獨大，大權一把抓。從屋大維所擔任的各種職務以及所享有的各種特權、各種尊號來看，就算他從未用過「朝廷」和「皇帝」這樣的名號，但毫無疑問，他就是一個皇帝。史學家都把「西元前二七年」視為羅馬帝國的開端，因為元老院在這一年為屋大維更名為「奧古斯都」，意思是「神明」，這時屋大維才三十六歲。

在此之前，元老院已經獻給屋大維不少尊號，譬如在西元前二九年稱他為「統帥」，隔年稱他為「第一公民」，後來到了西元前一二年，五十一歲的屋大維成為「大主教」；十年後屋大維被稱為「國父」；在他死後甚至被奉為了神。

屋大維重組了元老院，並且重新畫分帝國行省；除了將埃及列為皇家行省、財政收入全歸皇家內庫之外，其餘均分為「直隸行省」和「元老院轄行省」等兩類，前者為邊境需要軍隊駐守之地，由他自己直轄，後者則無需軍隊駐守，而且就算這些行省的總督是由元老院任命，但也仍然要接受屋大維至尊權的監督。這麼一來，元老院就不再具有掌握軍隊與包稅的權力。為了激勵總督能夠盡心盡力的治理行省，無論是直隸行省或是元老院管轄行省的總督，一律都由國家來支付俸祿。

屋大維對於大權的掌握可說滴水不漏，即使他從來不曾像凱撒當年那樣接受終身獨裁官的擁戴，而且四十歲以後也不再連任執政官，但他仍是實質的執政官，而且也保有執政官的至尊權，這使得屋大維對內可以掌握羅馬和義大利本土的權力，對外又可節制帝國全境的軍隊。於此同時，屋大維也享有監察官的權力，還有權決定元老、騎士、平民這三個階級的戶籍，從而以這樣的方式來控制元老院裡頭元老的人選。元老院漸漸成為屋大維的御用機構，屋大維成了羅馬帝國唯一的統治者。

只不過，無論是軍團的將領或者行省的將軍，屋大維幾乎都會挑選元老來出使兼領，因此看上去，政府的最高行政階層似乎還是共和行政，可實際上卻已經是屬於一種新的帝國行政機構。

此外，屋大維也享有過去共和時期護民官的許多重要特權，包括身體的不可侵犯、對於國家所有官吏一切措施的干涉權、對於元老院議事的否決權、在羅馬

羅馬元老院議事的情景，這幅 19 世紀壁畫中，西賽羅（左前方站立者）正在抨擊政敵。

城中的司法權、以及在民會提議法律之權等等。

屋大維不想再擴張領土，大體上就是守著凱撒時期的疆域，然後把施政的重點放在內政。這麼一來，老百姓自然是樂得休養生息。屋大維做了不少舉措，譬如，他把軍隊的編制固定在二十五個兵團，不允許再有將領擁兵自重、互相對立的情況，兵團成員都是羅馬公民，服役二十年；在稅收方面，他使財賦制度標準化，所有徵稅事務都由政府來負責，一般而言老百姓的稅負並不算重，以農民來說所繳納的大約是其收成的十分之一；在行政方面，他積極提拔那些有才幹的人，建立一個高效能的政府；他在羅馬境內廣修道路，發展交通；他興建公共設施，修繕廟宇；他制定法律，鼓勵老百姓結婚和生育；他獎勵文教，在他統治時期，羅馬文學進入了「黃金時代」（這個我們稍後在下一節中還會再做介紹）。

但如前所述，儘管屋大維是歷史上最為重要的人物之一，不僅為羅馬世界帶來兩個世紀的和平與繁榮，對於整個世界歷史的影響也非常深遠。他改組了羅馬政府，在實質上他就是羅馬帝國的第一任皇帝，然而由於他喜歡自稱「元首」，所以從他在位時期，一直到之後大約三個世紀之內，就被稱為「元首政治時期」。

2 羅馬文明

在這一節，我們要來解釋一下什麼是羅馬文明。首先，我們來認識一下「羅馬世界」，也就是羅馬帝國的地理概況。

羅馬帝國雖然是由歐、亞、非三個大陸的邊緣地帶所組成，但可以說是自成一個地理單位，帝國的疆域大體就是包含地中海周圍區域，除了不列顛島是遠懸於帝國疆域的西北之外，其他行省都環聚在地中海四周，所以整個帝國的氣候條件相當接近，都屬於溫和的地中海氣候。

不過，在這個羅馬世界中，原本僅只有地理（包括氣候）條件上的統一，其他並不統一。在羅馬世界中同時存在著好幾種不同的古文明，只不過，當這些古文明一一被納入羅馬帝國的疆域、共同受帝國當局的管轄後，自然而然便產生了許多交流和融合，逐漸形成一種世界化的文明，這就是羅馬文明。

如果和共和時期的文明相較，就更可感受到帝國時期所展現出的羅馬文明大不相同；簡單來講，共和時期的文明屬於羅馬人與義大利人所共同締造，它明顯受到來自希臘文明以及希臘化的思想、文學等各方面的啟發與滋養；到了帝國時期的羅馬文明，則屬於整個地中海世界各個民族共同的智慧與心血結晶。

最初地中海東、西兩半部的文明，彼此還有顯著的差異存在，尤其是在語言和文化傳統上：東半部主要是承襲希臘和更古老的近東文明，西半部則是承襲較晚的拉丁文明；如果簡略區分，可以說東半部屬於希臘，西半部屬於拉丁。但必須注意，它們和以前的「希臘」或是「拉丁」文明並不完全相同。

就以地中海東半部來說吧，其實早在羅馬帝國肇建之前的兩三百年間，古近東諸文明和時間較晚的希臘城邦文明，彼此之間已經有所融合；後來當這些地方逐一被羅馬帝國收入版圖之後，儘管語言仍採用希臘，而且希臘的文化傳統居主流地位，但此時的「希臘」與古典時期的希臘文明早已大相逕庭，所以我們或許可以稱之為「希臘化」的文明。

而在地中海西半部，舉凡高盧、西班牙和不列顛的原住民，他們在文明程度上原本就落後於羅馬，一旦被羅馬帝國收入版圖之後，自然就受到拉丁文明、也就是羅馬的啟蒙。

（還記得嗎？我們在卷二《上古史Ⅰ》曾經介紹過，在義大利半島中部有若干平原，拉丁平原是其中之一，羅馬城就是建立在拉丁平原的臺伯河邊。）

隨著羅馬人和義大利人逐步向外拓展勢力，以及帝國肇建之後，經濟活動日

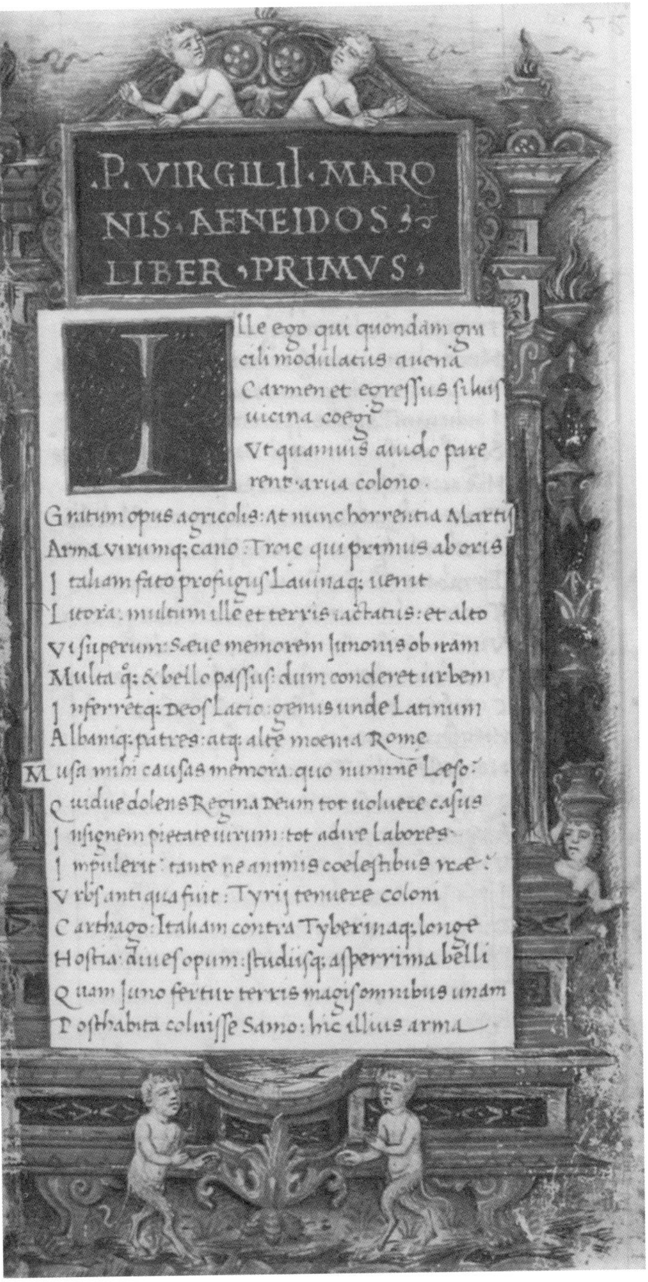

P. VIRGILII MARO
NIS AENEIDOS
LIBER PRIMUS

Ille ego qui quondam gra
cili modulatus auena
Carmen et egressus siluis
uicina coegi
Vt quamuis auido pare
rent arua colono.
Gratum opus agricolis: At nunc horrentia Martis
Arma virumq; cano: Troie qui primus ab oris
Italiam fato profugus Lauinaq; uenit
Litora: multum ille et terris iactatus: et alto
Vi superum: Saeue memorem Junonis ob iram
Multa q; & bello passus: dum conderet urbem
Inferretq; Deos Latio: genus unde Latinum
Albaniq; patres: atq; alte moenia Rome
Musa mihi causas memora: quo numine laeso:
Quidue dolens Regina deum tot uoluere casus
Insignem pietate uirum: tot adire labores
Impulerit: tante ne animis coelestibus ire:
Vrbs antiqua fuit: Tyrij tenuere coloni
Carthago: Italiam contra Tyberinaq; longe
Hostia: diues opum: studijsq; asperrima belli
Quam Juno fertur terris magis omnibus unam
Posthabita coluisse Samo: hic illius arma

維吉爾的史詩《伊尼阿斯紀》。

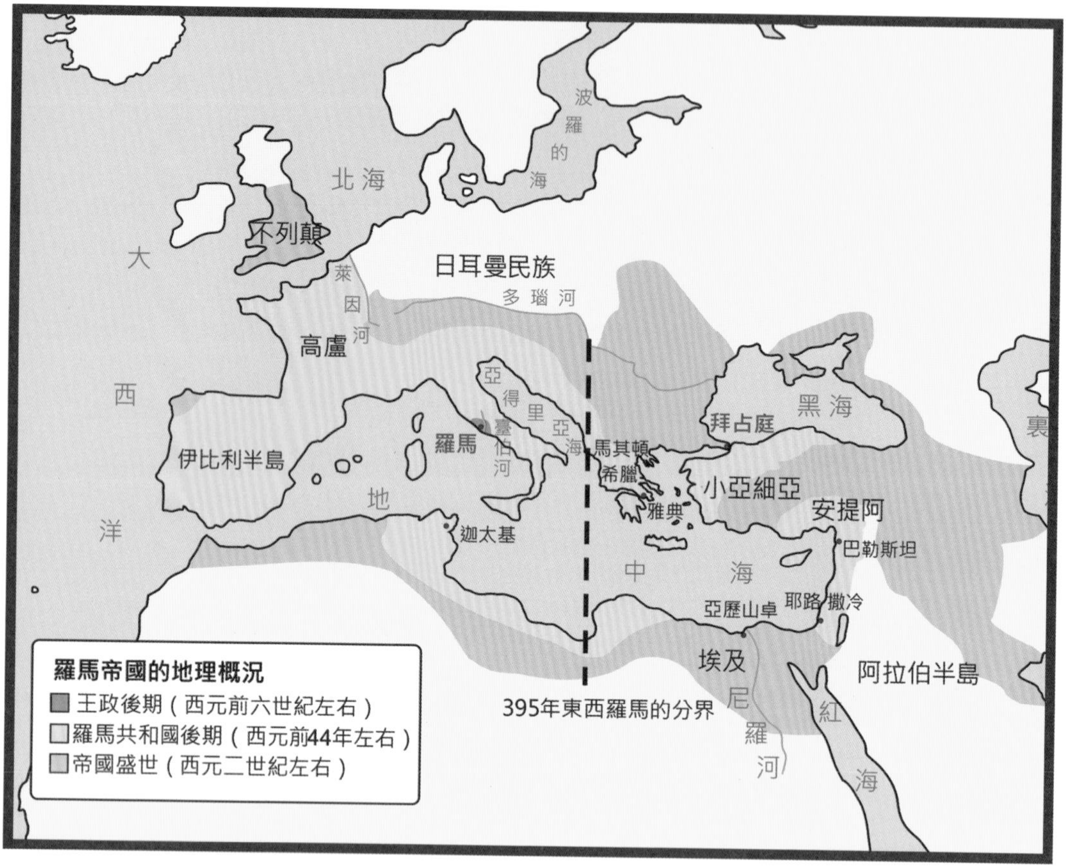
北海
波羅的海
不列顛
大西洋
萊因河
日耳曼民族
多瑙河
高盧
亞得里亞海
黑海
裏
拜占庭
伊比利半島
羅馬
臺伯河
馬其頓
希臘
小亞細亞
地中海
雅典
安提阿
迦太基
巴勒斯坦
亞歷山卓
耶路撒冷
埃及
尼羅河
紅海
阿拉伯半島
395年東西羅馬的分界
羅馬帝國的地理概況
王政後期（西元前六世紀左右）
羅馬共和國後期（西元前44年左右）
帝國盛世（西元二世紀左右）

益蓬勃，拉丁語言和拉丁文明也就愈傳愈廣，進而取代了很多地區原本的傳統。譬如北非以及迦太基，原本都有自己的文化和傳統，但在成為羅馬世界的一分子後，都紛紛改採拉丁語。到了西元第二世紀，羅馬帝國的西半部已經完全拉丁化了。

總之，儘管地中海東西部最初還有著頗為明顯的差異，但是隨著時間慢慢向前推移，這些差異就愈來愈小，進而逐漸趨於融合，於是，一種世界化的嶄新文明——羅馬文明——也就隨之誕生。

現在我們就把共和末期一直到帝國初期的文明稍做介紹。我們將先認識文史哲，這是早期羅馬文明中相當耀眼的部分。

文學

羅馬文學就是拉丁文學，拉丁語是整個羅馬帝國的官方語言。最初羅馬文學並沒有太強的原創性，多半是模仿希臘文學，後來才逐漸走出自己的風格。

拉丁文學的全盛時期，大約在西元前八〇～西元一七年。在西元前三〇年以後，由於羅馬進入了和平與輝煌的時代，這直接促使文學、藝術的繁榮，於是奧古斯都屋大維統治時期又被稱為羅馬文學的「黃金時代」，期間出現了許多傑出的詩人和史學家。

當中最具代表性的當首推維吉爾（西元前七〇～前一九年），他的代表作是十二卷的史詩《伊尼阿斯紀》，開篇描寫特洛伊城勇士伊尼阿斯，在特洛伊陷落之後是如何從地中海輾轉航行來到義大利，後來娶了拉丁姆國王的女兒，然後一直寫到伊尼阿斯的後裔如何興建羅馬城。

史學

史學家最具代表性的是李維（西元前五九～西元一七年），他與奧古斯都屋大維的年齡相近，兩人關係友好。他的代表作是《羅馬編年史》，全書一百四十二卷，從西元前八世紀中葉羅馬建城的傳說開始寫起，一直寫到西元前九年德拉蘇（西元前三八～前九年）過世為止。德拉蘇是羅馬著名的政治人物，曾任執政和高盧總督。

哲學

羅馬在共和晚期以後受到希臘化哲學的影響，主張要克制激情、重視理性的斯多噶學派，以及認為只有透過對真理的認知，才能讓我們的心靈獲得平靜的伊比鳩魯學派，都先後傳至羅馬。

斯多噶學派在西元前一四〇年左右傳入羅馬，可能因為特別適合羅馬人的秉性氣質，所以一經傳入便頗受歡迎。早期最有名的代表人物是西塞羅（西元前一〇六～前四三年），他其實是一位政治人物和著名的演說家，曾經擔任執政，極力主張維護共和體制，後來因為拒絕參與凱撒、龐培和克拉蘇「第一次三頭專政」的政治勢力而逐漸失勢。總的來說，西賽羅受到斯多噶學派的影響比較大，雖然他同時吸取其他哲學學派的思想，而且並不是一位專業的哲學家。

羅馬帝國早期的斯多噶學派「三哲」為：席內卡（西元前三～西元六五年）、埃比克泰特（西元約五五～約一三五年）和奧理略皇帝（西元一二一～一八〇年）。席內卡認為哲學是獲得品德的一種方法，哲學是必要的，但是在研究哲學的時候應該抱有實踐的目的。埃比克泰特格外關注內在的善以及四海一家的精

著有《沉思錄》的奧理略皇帝。

神；至於奧理略皇帝，他在位期間因外族侵擾安息、日耳曼等地而時有戰事，他還曾經親征，可是他居然能在戰亂之中還用希臘文寫成了《我與自己的對話》，後世普遍將之命名為《沉思錄》或《養心錄》。奧理略表示，在面對死亡的時候，不要憎惡，要由衷的接受，因為死亡本來就是自然產物的一部分。

伊比鳩魯學派傳入羅馬之後，早期的代表人物是詩人呂克里修斯（西元前九九～前五五年），他善於用詩的形式來表達對於哲學的思考，著有哲學長詩《論萬物的本質》，其中對於死亡也有所闡述，呂克里修斯的看法是：死亡無需畏懼，它只不過是一場無晝又無夢的睡眠罷了。

到了西元三世紀以後，新柏拉圖主義的影響力愈來愈大，幾乎有取代斯多噶學派的態勢。

◆宗教

義大利的本土宗教多屬於自然崇拜，相信大自然中有一些神明或者精靈在控制人們的命運，譬如森林之神、花神等等。西元前三世紀以後，受到希臘宗教的影響，羅馬人開始信仰希臘人所信仰的神，所以幾乎所有希臘神話中的神明都出現在羅馬神話中，只是名字不同，譬如希臘神話中的天帝宙斯，在羅馬神話中叫做朱比德；天后赫拉叫做朱諾；冥神哈帝斯叫做普魯托；海神波塞冬叫做尼普頓；愛與美的女神阿佛洛狄忒叫做維納斯等等。

在共和後期和帝國時期，來自中東和小亞細亞的信仰，包括小亞細亞的眾神之母、埃及的生育及繁殖女神伊色斯，還有一些其他神祕的宗教，也得到羅馬人的信仰。到了帝國後期，基督教便漸漸興起了。

曆法與數學

羅馬人在法律、曆法、工程技術等方面也有相當的成就。同時，羅馬人也發展出一套算數上的計數符號，就是用大寫字母來表示數字，這套系統曾經流行過很長一段時間，直到十六世紀後期才被阿拉伯數字所取代。我們到現在還可以在鐘錶錶面以及一些公共建築物上，看得到這些羅馬數字。

庶民生活

一世紀初，羅馬帝國的人口大約有五千四百萬左右，其中住在義大利的大約

挖掘出來的龐貝古城中主要街道和建築物遺址。

古老壁畫中描繪龐貝人和奴賽人在圓形劇場中戰鬥的場面。

六百萬，羅馬約有一百萬。

羅馬人很重視家庭生活，不過，由於是父系社會，通常男性家長對於家庭成員握有生殺大權，婦女地位普遍不高，只有上層社會的婦女才能享有較多的自由。

羅馬人的生活水準相當高，有一個實例足可證明，那就是龐貝古城。龐貝位於義大利南部，在西元七九年因為維蘇威火山爆發而全城被埋，後來在西元一七四八年被發現，但至今還有五分之二的城市還沒有被挖掘出來。從已經被挖掘的部分，已可看出當時居民擁有頗高的生活水平。

不過，詩人尤維納利斯曾經用諷刺的口吻形容羅馬人的生活裡「只有麵包和競賽」，由此也可看出羅馬社會殘忍的一面。希臘人喜歡運動比賽，羅馬人則喜歡一些充斥著血腥與暴力的競賽。位於當今義大利首都羅馬市中心的古羅馬競技場，建於西元七二至八〇年，距今已有將近兩千年的歷史，是遊人必至之地，那裡可以容納近九萬名觀眾，就是當年古羅馬帝國專供貴族、奴隸主和自由民，觀賞鬥獸競技或是奴隸角鬥的地方，早已成為古羅馬文明的象徵。

3 羅馬帝國的盛世

我們在第一章說過，從奧古斯都屋大維在位開始算起，一直到之後大約三個世紀（西元二八四年）的這段時期，被稱為「元首政治時期」。這三個世紀還可以再做進一步的劃分，其中，前兩個世紀（從西元前二九～西元一八〇年）屬於羅馬帝國的盛世，盛世之後又是長達一個世紀的革命與動亂。

在這一節中，我們要介紹羅馬帝國盛世裡的幾個王朝：儒勒王朝、弗拉維安王朝、五賢君時期。

儒勒王朝

儒勒王朝是羅馬帝國盛世裡的第一個王朝，不用說，奧古斯都屋大維自然是儒勒王朝的第一位君主。

和凱撒當年的情況一樣，屋大維也沒有兒子，因此也收了一個義子，名叫提比略（西元前四二～西元三七年）來做為王位的法定繼承人。提比略的父親在共和末年擔任過凱撒的財務官，凱撒遇刺之後，他在混亂當中四處奔波，直到翌年

在競技場中血腥的殘殺景象。

羅馬競技場。

「第二次三頭專政」形成後，才加入到安東尼的陣營。

提比略即位時已五十六歲，不過他相當長壽，在位二十三年（西元一四～三七年）。耶穌殉道就是發生在提比略在位期間。同時，在這個時期，民會的選舉權被移歸至元老院，再加上民會的立法權早已形同虛設，因此當提比略在位期間，民會在政治上的作用幾乎已完全喪失，僅剩下在形式上對於皇帝的至尊權與護民官權表示認可而已。

繼提比略之後即位的是卡利古拉（西元一二～四一年）。卡利古拉即位的時候是二十五歲，即位之前他以驚人的偽裝，贏得了眾人的支持，即位之後大約半年，他生了一場重病，病癒後不久就與元老院決裂，並且展開一連串倒行逆施的政策。翌年，與他最親近的一個姊妹病故，使得卡利古拉的性情變得更加暴戾。

在位不到四年的卡利古拉，留給世人的是殘暴和行事荒誕的形象。論及他的荒誕，有一個典型的例子，那就是過去古羅馬的執政者，只有在死後才被奉為神明（譬如奧古斯都屋大維就是在過世以後被奉為神祇），可是年紀輕輕的卡利古拉卻自命為神，告訴大家他經常受到諸神的邀約去天庭作客，還下令將一大堆從

卡利古拉像。

希臘運來的希臘諸神雕像的頭部全部去掉，然後通通換上他自己的頭像，並要求大家在經過的時候都必須向他的神像致敬。

卡利古拉不僅神化了皇權，還大肆興建公共建築、不斷舉行各種大型宴會，造成帝國財政急劇惡化。而面對這樣的局面，卡利古拉的應對之道，竟然是增加各種名目的苛捐雜稅來緩解帝國財務危機，最終引起帝國各個階層民眾一致的憤怒。

西元四〇年，卡利古拉突然宣布自己計畫要永久離開羅馬，搬到埃及的亞歷山大港去，他希望能在那裡被尊奉為「在世之神」。元老院和禁衛軍獲悉之後，都很擔心今後卡利古拉的行為將更加癲狂、更難預料，造成帝國嚴重的隱憂。翌年，卡利古拉被禁衛軍所弒，禁衛軍隨後擁立五十歲的克勞狄（西元前一〇～西元五四年）為帝，首開羅馬帝國歷史上「禁衛軍擁立皇帝」的先例。

克勞狄在位十三年（西元四一～五四年），在位期間有幾件大事，包括讓皇家政府的組織趨於完備、元老院的權力日益被削弱，並開始征服不列顛等等。

儒勒王朝的國祚延續了近百年，至西元六八年結束，最後一位皇帝是尼祿（西元三七～六八年），不少文學和影視作品都喜歡拿他來做文章，我們現在就來講述一下關於尼祿的故事。

克勞狄是尼祿的叔公。尼祿在十二歲時被克勞狄收養，成為王位繼承人。五年之後，克勞狄因食物中毒而死亡，年僅十七歲的尼祿就即位成了羅馬帝國的皇帝。

根據流傳下來的歷史文獻，大部分對尼祿的評價都不太好，他的統治經常都和「專制」、「暴虐」、「鋪張浪費」等負面詞彙聯繫在一起，只有少部分文獻將尼祿描述為是一個廣受羅馬人、特別是帝國東邊人民歡迎的君主。

在尼祿即位之初，由於還很年輕，他的母親權利慾又比較強，所以朝政是被把持在母親以及一些老臣手中，他們與元老院合作，持續克勞狄在位期間的穩定發展政策，還取消了像奴隸拍賣稅之類的苛捐。此時羅馬呈現出一片繁榮的景象，邊境也十分安寧。

不過，逐漸長大的尼祿對於大權旁落日益不滿，後來經過一系列宮廷鬥爭，他甚至不惜殺了自己的母親，而拿回了大權。

大權在握之後，尼祿對於元老院的態度就有了改變，不再像過去那般恭敬，不久還開始打擊所有與他對立的政治勢力。在他二十八歲那年，一群共和派的政治人物計畫要推翻尼祿的統治，不料事前走漏了風聲，尼祿遂大肆展開整肅異己的行動，造成當時羅馬上層階級人人自危。

不過，真正讓尼祿戴上「暴君」頭銜的，是源於發生在此前一年（西元六四年）的羅馬大火。這場大火來得非常兇猛，整個羅馬城迅速陷入一片火海中，而且火舌一連竄燒了六天七夜，羅馬全城幾乎都成了焦土。大火發生之時，尼祿並不在城內，聞訊立刻趕回羅馬，親自坐鎮指揮救災，還開放私人花園讓災民進入避難，並且緊急從鄰近城鎮運來糧食賑災。就一個執政者的表現來說，應該還算是相當不錯的，可是由於大火之後羅馬城的整建工程異常迅速，再加上整建重點在於皇帝個人享用的「金宮」，這才引起市民的困惑與反彈，於是流言四起，「這場詭異的大火是有人受到尼祿皇帝的指使而縱火，為的就是要騰出一大片土地來營建金宮」的說法甚囂塵上。

不久，當尼祿得知這樣的流言之後，為了撇清關係，遂指控羅馬城內的基督徒是縱火者，大肆逮捕基督徒。這是歷史上第一次政府對基督徒展開的大規模迫害，好幾位重要的使徒先後被處死，包括我們在第一章中介紹過的聖保羅都沒能逃過這次的劫難。而且尼祿對待基督徒的手段還非常殘忍，竟然在他的後花園中燃燒這些基督徒，來做為照明。

其實根據十九世紀以後的史學觀點，大多認為這場羅馬大火只是一場單純的意外，可是由於尼祿對基督徒的迫害，使他坐實了「暴君」這樣的形容。

尼祿在位十四年（西元五四～六八年），早期施政大多仍以保障平民大眾的權利為主，譬如他限制了訴訟案例辯護報酬的上限，以此防止權貴階級藉著法律來對平民進行不平等的剝削；他也降低很多間接稅的稅賦；壓低糧食價格，讓窮人也能溫飽等等。

整體來說，尼祿在位期間的施政重點是放在外交和貿易上，並致力提高帝國的文化修養。他自己就是一個詩人、劇作者、演唱者與豎琴演奏者，由於他熱愛文藝，在他當政期間，帝國的文藝發展相當蓬勃。

西元六八年，由於內亂，尼祿被趕下了臺，同年自殺身亡，年僅三十一歲。

◆ 弗拉維安王朝

儒勒王朝之後是弗拉維安王朝，國祚只延續了二十七年（西元六九～九六年），開朝皇帝是維斯帕先（西元九～七九年）。

維斯帕先出身平民，他的父親是屬於羅馬的騎士階級，曾經在西元前一世紀的羅馬內戰中擔任過龐培（凱撒政敵）陣營中的百夫長。維斯帕先是古羅馬歷史上第一位不是貴族出身的皇帝。

或許正是因為如此，維斯帕先有很多軼事流傳，預示他將會有非常不凡的命運，類似於在中國歷史上兩位著名的布衣天子劉邦（西元前二五六～前一九五年）和朱元璋（西元一三二八～一三九八年）的身上，也都有很多玄怪傳說，彷彿都是為「平民何以能做皇帝」增加合理性和合法性。

比方說，傳說在維斯帕先家族的土地上有一棵老橡樹，在維斯帕先的母親三次生育時，這棵老橡樹都會突然長出新枝椏，預示著新生兒的未來，第一次的新枝很柔弱，不久便乾枯了，結果誕生的寶寶一年不到就死了；第二次的新枝長得很結實，寶寶誕生之後果然很健康；第三次當維斯帕先誕生時，這棵老橡樹又長出新枝，而且更為強壯，簡直就像是一棵小樹似的，維斯帕先的父親覺得很奇怪，就請人占卜，結果占卜者說這個新生兒註定日後將當上羅馬帝國的皇帝。

又比如在維斯帕先長大以後，曾經擔任過營造官，當時是儒勒王朝卡利古拉皇帝在位期間。有一次，卡利古拉皇帝認為維斯帕先對於街道清潔衛生的情況不夠重視，非常惱怒的下令把大批泥土一股腦兒堆到維斯帕先衣服的前襟裡。後來有人就解讀說，這是一個預兆，表示遲早有一天國家將發生動亂而被蹂躪，但是

《尼祿的火炬》表現出對基督徒的迫害（波蘭畫家希米拉茲繪於 1876 年）。

最後終將受到維斯帕先的保護，就好像那些泥土在他的懷抱之中。

在克勞狄皇帝執政期間，三十二歲的維斯帕先擔任日耳曼軍團的副將，兩年後被調任參與不列顛戰役。在不列顛戰役中，維斯帕先的表現相當不錯，率軍與敵人進行了至少三十次的戰鬥，征服了二十多個城鎮和維克提斯島（今英國南部海岸近海處的懷特島），戰功突出。

四十二歲那年，維斯帕先以候補資格擔任了執政官，五十四歲擔任阿非利加行省（今非洲）的總督。照說此時維斯帕先已經是帝國中一位重量級的人物了，不料傳說尼祿皇帝在位期間，他有一次在尼祿皇帝親自演唱的音樂會上打瞌睡，尼祿皇帝大怒，當場厲聲將他驅逐。維斯帕先唯恐會遭受更為嚴厲的責罰，趕緊主動退隱到偏僻的小鎮去。如果不是後來發生了內亂（猶太戰爭），說不定維斯帕先就在鄉間小鎮頤養天年了。

猶太戰爭的起因是徵稅。羅馬帝國派駐於猶太行省的長官，為了徵收當地積欠的稅款，竟然進入耶路撒冷的猶太聖殿，將裡頭的財物沒收，宣稱要用來充當稅款。在很多猶太人看來，這無疑是一種嚴重褻瀆神明的行為，引起極大的民怨。

西元六六年，羅馬敘利亞行省總督率領軍團和猶太王國國王的軍隊一共三萬多人，抵達猶太地區，打算弭平混亂。一開始還頗為順利，沒想到後來在「貝思霍龍戰役」中慘敗，高達六千名羅馬士兵陣亡，而受傷者更多。這麼一來，猶太民族的激進派頓時士氣大振，還帶動了埃及亞歷山大港、敘利亞安條克等地猶太社群的騷亂，猶太戰爭正式爆發。

翌年，尼祿皇帝決心要嚴肅處理這次事變，遂起用維斯帕先，擔任軍團統帥，並增派三個軍團開赴猶太地區。其實，尼祿之所以會起用維斯帕先，是有一點個人小心思的，因為當時他對那些擁有大軍的將領都心懷警惕，於是寧可重用家世背景不高、過去又有過不俗軍功的維斯帕先。

維斯帕先趁機提拔自己的長子提圖斯（西元三九～八一年）為副將。出征第二年（西元六八年），維斯帕先就平定了猶太北方。就在準備要圍攻耶路撒冷的時候，同年年底首都羅馬發生動亂，尼祿皇帝自殺，新皇帝登基。維斯帕先聞訊，決定暫先按兵不動。

在西元六八至六九年這將近兩年的時間內，是羅馬歷史上的「四帝之年」，萊茵河區域、多瑙河區域、北非和西亞等地駐軍紛紛各擁其主，互不相讓。經過一連串的紛紛擾擾，最後由受到埃及、敘利亞和多瑙河區域駐軍所擁戴的維斯帕先勝出，隨後也底定了亂事，建立弗拉維安王朝，維斯帕先時年六十歲。

維斯帕先在位十年（西元六九～七九年）。在他登基之後第二年，長子提圖斯就攻陷了耶路撒冷，徹底平定了猶太人的叛亂，將大部分的猶太土地都併入羅馬帝國的領土。與此同時，羅馬軍團也積極征服不列顛，不列顛遂開始拉丁化。而在西班牙，因為維斯帕先給了西班牙全境拉丁**與邦**的權利，使得西班牙日後也成為充分拉丁化的區域。

在內政方面，維斯帕先也頗有建樹。由於他並非貴族出身，所以他能夠一方面與元老院積極合作，另一方面又能不拘泥於舊法，而以最快、最有效率的方式來穩定秩序，安撫人心。總體來說，維斯帕先在位期間，之前因內戰而遭受破壞的社會秩序得以恢復，經濟得以復甦，而皇帝的專制權力也得到了加強，《皇帝法》正式頒布，使得元首制日趨成熟。

西元七九年，維斯帕先因感染了熱病，回到故鄉的莊園避暑，但仍在當地繼續處理政務。稍後在病情加重、自知大限將至之際，向來平易近人的維斯帕先還不改輕鬆幽默的風格說：「可憐的我啊，就快要變成神啦！」

維斯帕先在該年病逝，享年七十歲。

維斯帕先過世之後，四十歲的長子提圖斯順利繼承帝位。

與邦——關於「與邦」請參見第二卷第160頁。

維斯帕先率軍平定猶太戰爭。圖為 1470 年猶太歷史學家約瑟夫斯的手稿插圖。

在提圖斯即位兩個月左右，維蘇威火山大爆發，包括龐貝在內的三座城市全被火山灰給掩埋，隔年羅馬又發生嚴重的火災與瘟疫。面對這些重大災害，提圖斯均盡心盡力的應對，四處奔走，廣受老百姓的愛戴，可惜他在位僅僅兩年多就因發熱病而死。

接下來繼位的是時年三十歲、被近衛軍所擁立的圖密善（西元五一～九六年），他是提圖斯的弟弟。

圖密善在位十五年（西元八一～九六年），在位期間推行了不少影響深遠的政務，包括：以改革羅馬貨幣、重建羅馬城等多管齊下的方式發展經濟；主導對不列顛和達西亞的戰爭（達西亞是位於喀爾巴阡山與多瑙河之間的王國），將羅馬勢力推進到蘇格蘭；甚至還在日耳曼黑森林地區修建日耳曼長城。

關於修建長城，其實早在奧古斯都屋大維的時代就有這樣的想法，因為屋大維不想再擴張帝國領土，只想大致守著凱撒時期的疆域。可是為了確保帝國邊境的安全，很自然的就有了想在帝國北邊和西北邊（也就是日耳曼人居住的地方）興建鞏固防線的計畫。原先的構想是計畫把日耳曼人推到北邊一些，這樣就能在易北河、莫洛瓦河和多瑙河之間建立起短而易守的防線，但是在西元九年羅馬軍團前往日耳曼平亂的時候，因遭到突襲而慘遭全軍覆沒，此後羅馬帝國的勢力便退到萊茵河西岸。這麼一來，帝國的防衛就缺乏自然屏障，於是開始興築長城。

圖密善的統治，表現出強烈的專制主義的風格，在位期間無論是宗教、文化等各方面的宣傳，都不斷助長了老百姓對皇帝的崇拜，而圖密善對此仍不滿足，還想以自我任命為終身監察官的方式，來嚴密控制大眾，因此他雖然頗受人民和軍隊的擁戴，卻被元老院視為專橫獨裁的暴君。

西元九六年，圖密善遭到刺殺，終年四十五歲。隨著他的離世，弗拉維安王朝也宣告滅亡。

五賢君時期

弗拉維安王朝結束以後，元老院試圖重掌國家大權，遂擁立了一位年高德劭的元老涅爾瓦（西元三〇～九八年）為皇帝，涅爾瓦時年六十六歲。

從涅爾瓦開始，一直到奧理略（就是我們在本卷第二章「羅馬文明」中提過的那位哲學家皇帝），一共有五位皇帝，在羅馬歷史上被稱為「五賢君時代」，在他們的接棒治理之下，羅馬又享有一個世紀的和平與繁榮。

這五位賢君，除了首尾的涅爾瓦和奧理略之外，另外三位依序分別是圖拉真（西元五三～一一七年）、哈德良（西元七六～一三八年）和畢尤（西元八六～一六一年）。

我們不妨從幾個方面來了解這五位賢君：

- 在位最短的是涅爾瓦，不到三年；在位最久的是畢尤，二十三年，是一段太平歲月，帝國達到鼎盛巔峰，因此「五賢君」的統治時期也因他的名字（安東尼．畢尤）而被稱為「安東尼王朝」。
- 武功最盛的是五賢君中的第二位圖拉真，他在位十九年，將羅馬帝國的疆域擴大不少，往北擴張至多瑙河外，建達西亞為羅馬行省；往東擊敗安息人，將亞述和兩河流域地方納入帝國版圖，並建為行省。一時之間，羅馬帝國的勢力推進至底格里斯河，不過，由於軍力不足且財政也遇到困難，繼圖拉真即位的哈德良就放棄了擴張政策，改採守勢鞏固國防，在不列顛的北境修造一道石牆，史稱「哈德良長城」，將蘇格蘭畫在羅馬帝國的境外。
- 羅馬歷史中最後一次提到民會的立法，是在「五賢君」中第一位涅爾瓦在位期間。
- 猶太人被驅散至各地，成了沒有鄉土之民，每年只獲准返回耶路撒冷一次，

安東尼王朝以畢尤在位最久。

圖拉真建造圖拉真柱，以彰顯自己的政績。

哈德良長城，在 1987 年時被列為世界遺產。

這件事是發生在「五賢君」中第三位哈德良的在位時期。這是因為在西元一三二至一三五年，猶太人再起叛亂，當叛亂被平定之後，猶太人所居住的地方都受到非常嚴重的破壞，猶太人隨即遭到驅逐。

● 首開將蠻族遷徙至帝國境內先例的，是在「五賢君」中最後一位奧理略在位時期。西元一六六至一七五年，一支日耳曼人渡過多瑙河上游，侵入羅馬帝國境內，等到亂事平定，奧理略就將部分入侵的日耳曼部眾置於帝國境內。

● 在「五賢君」中，除了第一位（涅爾瓦）之外，其他四位都和行省關係密切。圖拉真出生於西班牙，是羅馬歷史中第一位出身於行省的皇帝；哈德良和奧理略雖然都是羅馬居民，但他們的家世也都源於西班牙；畢尤的家世則源自高盧。由於這幾位皇帝都跟行省關係密切，羅馬軍隊遂日益行省化，羅馬公民中的行省成分也日益增加，在皇帝很樂於給予行省人民更多公民權利的情況之下，多瑙河流域和東方行省在西元第二世紀中葉都先後獲得拉丁與邦的權利，到了第三世紀初葉，全帝國的自由人民終於都成了羅馬公民。

與之前一百年的動亂頻仍相比，「五賢君」在位的八十幾年（西元九六～一八〇年）稱得上是和平與安定，「五賢君」的文治武功在羅馬歷史上其他時期也屬難得一見。英國十八世紀著名的歷史學家吉朋（西元一七三七～一七九四年）在其《羅馬帝國衰亡史》中，甚至將這段時期稱為「人類最幸福的年代」。

「五賢君」最後一位奧理略皇帝，將王位傳給兒子柯莫丟（或譯高達摩，西元一六二～一九二年）。柯莫丟是一個既殘忍又揮霍無度的暴君，在位十二年，後來在一次宮廷叛亂中被弒，羅馬帝國初期的兩百年盛世也就到此結束。

不過若要採取精確一點的定義，一般還是將「羅馬帝國的盛世」從西元前二九年開始算起（屋大維在這一年結束長達一個多世紀的政爭與內亂），然後一直到西元一八〇年「五賢君」中最後一位奧理略皇帝離世為止，一共兩百零九年。

4 羅馬帝國的組織

在講述了羅馬帝國初期的兩百年盛世之後，我們不妨停下來認識一下羅馬帝國的組織，較為深入的了解這個帝國是如何運轉。

首先，我們不要忘記羅馬帝國的疆域幾乎都是在共和時期所奠定，大部分的領土都是在那個時期所獲得。在西元前二四一年第一次布匿戰爭結束以後，羅馬將西西里的若干城邑給予與邦的地位，然後將大部分地區建為一個行省，由總督來統治（當然是由羅馬當局所任命），這是羅馬首次在征服地以建立行省的方式來進行統治。之後隨著不斷向外擴張，所設的行省愈來愈多，原本屬於城邦共和國的羅馬就這樣以廣建行省的方式，逐漸締造了一個幅員廣大的帝國。

然而，由於行省的土地資源和收益全部都歸於羅馬，羅馬當局不免在經濟上對各個行省日益貪得無厭。再加上統治階層的腐化，以至於在往後的歲月中接連發生了不少內戰和動亂。無怪乎當西元前三一年，三十二歲的屋大維戰勝了安東尼，成為羅馬唯一的統治者，並且宣告內戰結束、和平到來的時候，會受到舉國（包括羅馬人民以及行省人民）一致的擁戴，人人都將屋大維視為救星。

屋大維非常聰明，很清楚過去的共和體制早就不再適合羅馬，他認為凱撒當年所要走的帝國路線是正確的，但是他也知道如果像凱撒那樣不加修飾、貿然改變帝國的體質，勢必會遭到很大的阻力，於是他便巧妙的用元首制來包裝帝國制，在舊有共和政府的形式之下，行使皇帝的權力。

在屋大維之後的皇帝，就逐漸去除共和制的外衣，堂而皇之的行使皇帝的統治權力。西元六九年維斯帕先登基，開創弗拉維安王朝之後，在他十年任內有一項重要的工作，就是頒布了《皇帝法》，一方面固然是完善了元首制，另一方面也是使羅馬帝國正式成為皇權專制的國家。

在走向皇權專制的道路上，不難想像每一個皇帝都勢必會跟元老院不斷角力。其實自從在西元前二世紀上半葉格拉古兄弟變法失敗以後，經過一個世紀的政爭與內亂，元老院的貴族階級已經受到重挫；到了奧古斯都屋大維的時代，因為屋大維還需要共和制的外衣，所以對元老院還維持著形式上的尊敬，但是在屋大維之後儒勒王朝的幾任皇帝，對元老院的元老們就沒那麼客氣了，有些皇帝甚至還會藉刑獄毫不留情的來打擊元老院。

此外，當年羅馬在草創時期，元老院所代表的是貴族階級，而在屋大維以降諸多皇帝有意識的操縱之下，元老院所補充的新血大多是來自皇家官吏和行省的人才，元老院不但再也無法代表貴族階級，也愈來愈受到皇帝的支配，到最後幾乎是聊備一格、僅供皇帝偶爾咨詢罷了。

元老院最令皇帝頭痛的，大概就是帝位的繼承問題。因為在法理上皇權不能世襲，每當一任皇帝過世，元老院就會擁有國家的統治地位，一直到新皇帝產生為止。所以，為了不讓元老院對皇權的交棒有所掣肘，歷代皇帝幾乎都會在生前就挑選好接班人，然後收為養子，再提早授予各種大權。這麼一來，在皇權的延續上就不會有什麼空窗期。

「五賢君」的交棒過程，可以說是養子繼承制、也可以說是接班人培養制度的最好例證。到了「五賢君」中最後一位奧理略皇帝，並沒有沿用這種制度，而是改為將帝位傳給自己的兒子，反而又開啟日後一個世紀紛亂的政局。

為了強化皇權，「皇帝崇拜」的現象也就逐漸形成。古羅馬本來就是信奉多神教，因此，在眾多現有的神祇中再多添幾個生前是皇帝的神明無傷大雅，奧古斯都屋大維在死後就被奉為了神；在屋大維之後，儒勒王朝的卡利古拉是有史以來第一位在世時就急著想要當神明，且強迫臣民都要奉自己為神祇的皇帝；而弗拉維安王朝的圖密善則是第一個在生前就享有「神」尊號的皇帝；圖密善皇帝之後，皇帝崇拜之風日益昌盛，到後來終於成為羅馬的國家性宗教。

羅馬之所以能夠順利從一個城邦共和國逐漸走向專制的帝國道路，這中間還有一個不可忽視的重要現象，那就是中央集權竟然能夠與地方自治並行不悖。

帝國初期，羅馬在廣建行省的同時，也將義大利的市邑制度普遍推行於各個行省。簡單來說，每一個行省都按行政需要劃分為若干城邑，至於這些城邑的性質，則視各個行省的不同情況而定。譬如在帝國的西部，屬於開化較晚的地區，往往會將幾個部落合為一個市邑，而在帝國東部，則通常都是沿襲舊城邦的傳統來行地方自治。每一個市邑的公民都可以選舉自己的官吏和長老會，這在形式上是取法過去舊有共和政府時期的做法，因此，皇家官吏對於各個市邑的地方事務通常都不會加以干涉。

這樣的做法，就可以使各行省的人民仍然擁有相當大的民主空間來決定一些事務，這些事務往往都是與他們切身相關、可中央卻不是那麼熟悉與了解的，而同時，行省人民又還是處於帝國中央集權的統治之下。這麼一來，羅馬帝國實際上很像一個龐大的自治市邑的聯邦。

帝國初期的歷代皇帝都非常明白，為了能夠很好的實現地方自治，就一定要將公民的身分普及，於是，他們不顧義大利本土人民的反對，還是一步一步讓各個行省的人民（自由人）最終都成為合法的羅馬公民。

最後，我們來看看帝國的法律。

想要鞏固帝國的統一，若僅僅只是靠皇帝崇拜自然是不夠的，還要靠法律手

羅馬公民正在觀看、抄錄十二表法上的條文。

段。尤其是每一個地方原本都有自己的法律（通常都是一些慣例），當這些地方都被一一納入到羅馬帝國的版圖之內、建為行省以後，自然就需要一個可以在帝國境內通行的法律制度，如此才能應付各個行省之間日益頻繁的交通和商業往來，畢竟在共和初期所頒布的《十二銅表法》只是適用於羅馬公民而已。

那麼，這些能夠在帝國境內通行的法律是如何誕生的呢？

早在西元前第二世紀，中央的司法官就會頒布一些法令，所謂的「法令」都是來自於法學家對於一些案件的裁定，這些裁定幾乎都是根據一些良好的地方法律，或者是已經普遍為大眾所接受的傳統和習慣。當這些法令累積到一定的數量，自然而然就形成一套適用於全國所有自由人民的共同法律，稱為「萬民法」，並逐漸取代了市民法。

到了帝國時期，司法官的權限雖然受到了限制，但皇帝的詔令仍然在繼續進行那些解釋法令的工作，所以羅馬的法律還是得以保持著不斷完善的步伐，繼續向前邁進。

5 盛世時期的羅馬社會

在羅馬帝國前期這大約兩百年的盛世，為義大利和各個行省造就了一個經濟空前繁榮的時代。

首先最為顯著的一個現象是，大批商人都可以帶著自己的貨物自由來往於帝國境內，從埃及到不列顛、從小亞細亞到西班牙，到處都有他們的足跡。他們都受到羅馬帝國的保護，服從同樣一套法律，享有同樣的權利，並使用同樣的貨幣，以經濟活動來說，這些都是在過去從來不曾有過的便利。

為了更好的實行地方自治，帝國境內不僅原有的市鎮保持蓬勃發展，與此同時，在政府的大力鼓勵之下，各地也不斷興建新的市鎮，這些新市鎮無疑又提供商人更多安全的市場。

發展經濟的前提條件，是要有很好的交通，在這方面羅馬帝國也做了不少努力。貫通於羅馬世界中心的地中海，本是一條古老的交通要道，盛世時期有帝國海軍做為強有力的後盾，過去常見的海盜滋擾問題已鮮少發生，因而保障了一般商旅的安全。而在每一個行省內，負責主政的總督也都致力於道路的修築，而且許多大道都是朝著永久性工程的目標來施工，路面都是以石材砌成，非常堅固耐用。

這些大道，固然有不少最初是基於軍事目的而修築的，但不可否認，後來確實也成為各地重要的基礎設施，為經濟發展提供了相當有利的條件。有學者做過研究，發現在近代鐵路出現之前，歐洲和近東的交通，不管從速度或是安全的角度來評估，都沒有任何一個時代可以與羅馬盛世相比。

有了便捷的交通，各個行省之間貨物的交流自然要比以往便利，競爭當然也就在所難免。譬如埃及幾乎獨占了麻布和紙草的市場；敘利亞精美的玻璃器皿馳名於時；義大利的上釉陶器本來獨占鰲頭，後來漸漸被更為精美、來自高盧的工藝品所取代等等。各地的貨物或從陸上交通、或經海運，大量運銷於帝國境內，形成一片經濟活絡的活潑氣象。

在便捷的交通條件之下，就連國際貿易也有了更多的機會、更多的可能。根據中國歷史記載，東漢桓帝延熹九年（西元一六六年），「大秦王安敦遣使來通中國」，這個「安敦」應該就是指羅馬帝國盛世「五賢君」時期，因為「五賢君」時期又稱「安東尼王朝」，而「安東尼王朝」有時也翻譯作「安敦王朝」；西元一六六年正當「五賢君」中最後一位奧理略皇帝在位時期。

在與中國建立起聯繫以後，中國的香料、香粉、絲綢、象牙、珠寶等物品開始輸入羅馬帝國。同樣屬於國際貿易的例子，還有來自日耳曼和俄羅斯的皮貨、蜜蠟、琥珀，甚至奴隸，以及來自中非洲的黃金、香料、象牙、木材等等。而從羅馬帝國輸出的貨物，則主要是金銀貨幣、酒、油以及工藝製造品。

這些外銷的工藝製造品幾乎都是由獨立的匠人所生產，他們往往僱用自由勞工，或是大量役使奴隸來從事生產。工藝製造品的市場需求，對於很多人民的生計大有助益。

不過，帝國大多數人口還是依土地為生，農業仍是帝國經濟結構的基礎。而且，擁有土地所代表的不止是經濟利益，更是社會尊榮最有效的憑藉，所以當一些從事仕途或是商業活動而累積了相當財富的人，往往也會把這些財富用來投資土地。因此，共和時期就已經存在的土地兼併問題，在這時仍然不斷發生。

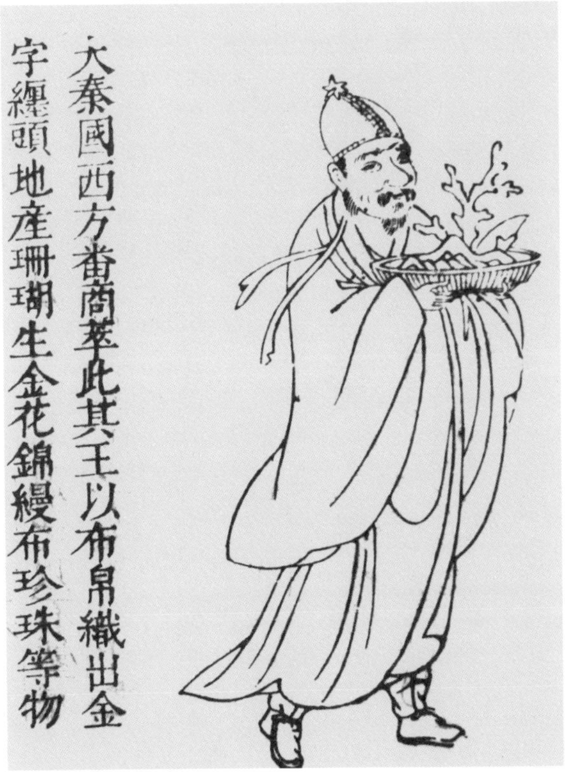
大秦國西方番商萃此其王以布帛織出金
字纏頭 地產珊瑚生金花錦縵布珍珠等物

中國人想像的羅馬帝國商人，這張圖出自明朝《三才圖會》一書。

經濟繁榮，可想而知城市的建設必然不差。龐貝古城在被火山灰掩埋了一千多年終於被挖掘出來時，世人對於龐貝城當年的城市建設以及市民的生活水平，無不感到訝異與驚歎。但其實，龐貝當年只是一個人口約兩萬五千人、屬於二三等級的城市。

然而，在帝國盛世時期，這確實就是帝國境內各個城鎮的真實面貌，當時即便是位於高盧和不列顛等地規模比較小的市鎮，在建造之初也都很注重城市規畫，無論是城市整體布局、街道、下水道等等，都有良好的設計，私人住宅幾乎都有引水、排水、導熱等設備，生活起居相當舒適且便利。

羅馬的重要建築大多具有實用目的，因此多屬規模宏偉、結構結實的風格，譬如神廟、宮室、圓形劇場、競技場、公共浴室等等。

在奧古斯都屋大維的時代，羅馬軍隊從大希臘、希臘本土和小亞細亞等地，運回大量大理石柱、雕像、浮雕之類，然後在羅馬當地很快就有了仿製品，用來裝飾權貴富人的宅邸。這個時候，所謂羅馬的美術，無非就是希臘化美術的複製。

18 世紀帕尼尼所畫的萬神殿內部。萬神殿建於西元前 27 年，紀念屋大維打敗安東尼與克利奧帕特拉。

到了帝國初期，羅馬美術漸漸有了自己的特色，以那些強調帝國榮光的紀念性建築和雕刻最具代表性，而半圓拱、穹窿和富麗堂皇的列柱，更成為羅馬建築中的主要元素。

營造這些建築的資金不一定都是由國家財庫來負責，其中不乏是來自市民的捐獻，當然主要都是來自那些富有的階層。講到這裡，我們不妨來了解一下羅馬帝國盛世時期的社會階層，與之前共和時期都有哪些明顯的不同。

在共和時期，貴族有兩種，那就是「元老貴族階級」和「騎士階級」。這兩個階級都非常嚴格的僅屬於羅馬人或義大利人。在進入帝國時期之後，皇家政府官吏和軍隊的將領大多出自騎士階級，而功績卓著的騎士又有機會被皇帝拔擢為元老貴族，不過，此時這兩個階級已漸漸不再專屬於羅馬人或義大利人，而且社會上還出現另外一種「市邑貴族」，他們都是因為效力於皇家，被認定有功，然後被擢升為帝國的貴族。

「元老貴族」、「騎士階級」與「市邑貴族階級」雖然界限分明，但不是永遠固定不變。在帝國時期，傳統貴族的生育率很低，久而久之就被新興的貴族所取代。

在各個行省，那些有權擔任地方政府公職或進入市長老會擔任議員的富有公民，被稱為「市長老」，形成了市邑的貴族階級，他們的戶籍每五年就得接受一次清理。在「市長老」這個階級之下，是那些有錢有勢的「新自由民」，又稱為「脫奴籍者」。由於帝國時期經濟蓬勃發展，不少擅於經商的奴隸，有機會累積足夠的財富，然後贖回自己的自由。即便是那些生活於帝國時期的奴隸，儘管仍處於社會最低的一個階級，是主人的私有財產，但他們在各方面所受到的待遇，也比共和時期、尤其是在羅馬積極對外擴張時期的奴隸，要好得太多。

不過，身處於帝國的盛世，無論是屬於社會中哪一個階級，因為日常總有各種公共娛樂，包括角鬥等競技以及啞劇表演等等，再加上不時就會有各種聚會，一般來說，大家的生活普遍都還是挺多姿多采的。

至於盛世時期的文明，除了我們在本章第二節「羅馬文明」介紹過的文學、哲學、史學等等，在此我們要特別介紹一位科學家，那就是塞爾蘇斯（約出生於西元前一〇年，卒年不詳；另一說是西元前二五～西元五〇年。）

塞爾蘇斯出身貴族，花費了很大的心血收集許多希臘人在科學方面的知識，再做系統化的整理，使羅馬人能夠分享這些人類珍貴的文化遺產。塞爾蘇斯學識豐富，文筆優美，將原本非常專業的知識講述得非常清晰，條理性十足，又深具可讀性，這項不凡的工作使他獲得「醫學上的西塞羅」這樣的美譽。之所以會被特別強調為「醫學上的」，是因為塞爾蘇斯留下來的著作恰巧都是與醫學有關，譬如描述人體扁桃腺體的摘除、白內障和甲狀腺腫的切割，以及一些外科手術、甚至是整形外科手術如何進行等等。

塞爾蘇斯的著作在當時很受輕視，到了中世紀幾乎完全散失，但是當他的一本醫學著作在十五世紀初（西元一四二六年）被發現，且在半個世紀後（西元一四七八年）被印刷之後，因為正值文藝復興時期，塞爾蘇斯立即大受讚譽。儘管文藝復興時期對於古人往往懷有過分的推崇，但不可否認，塞爾蘇斯的醫學著作確實是現存羅馬人同類著作中最早、也最傑出的。

古羅馬醫學家塞爾蘇斯本。

第三章 羅馬帝國後期

羅馬不是一天造成的，也不是一朝一夕衰敗的。
當賢君自己破壞了帝位繼承制度、
當霸主過度依賴軍隊，造成軍人擁兵自重，隨時罷黜皇帝，
當連年征戰和土地兼併，破壞了舊社會的經濟基礎，
當國力不振，文化走向衰微，
而早期備受打壓的基督教終於獲得最後的勝利……

西元一八〇年，隨著「五賢君」中最後一位奧理略皇帝的離世，羅馬帝國初期兩百多年的盛世也宣告結束。本章我們將介紹羅馬帝國後期，一直到西羅馬帝國滅亡，為期共兩百多年的歷史。

1 塞維魯王朝

奧理略皇帝將帝位傳給自己的兒子柯莫丟。柯莫丟在位十二年被弒，帝國立即進入一種混亂的狀態；不列顛、多瑙河區域和敘利亞等地的駐軍競相擁立皇帝，形成多方人馬搶奪帝位的局面，來自非洲行省、時年四十八歲的塞維魯（西元一四五～二一一年）也是其中之一。他是受到多瑙河駐軍的擁立，於西元一九三年宣布登基為皇帝，後來經過四年多的東征西討，徹底消滅了其他敵對勢力，成為羅馬帝國唯一的皇帝，四分五裂的羅馬帝國也得以重新統一。

塞維魯是羅馬帝國有史以來第一位來自非洲行省的皇帝，他在位十八年（西元一九三～二一一年），他所建立的王朝國祚則維持了四十二年（西元一九三～二三五年）。塞維魯王朝在羅馬帝國的歷史上相當重要，曾經雄視世界的羅馬帝國，就是由此走向衰亡。

以賽維魯頭像為吊墜的項鍊。

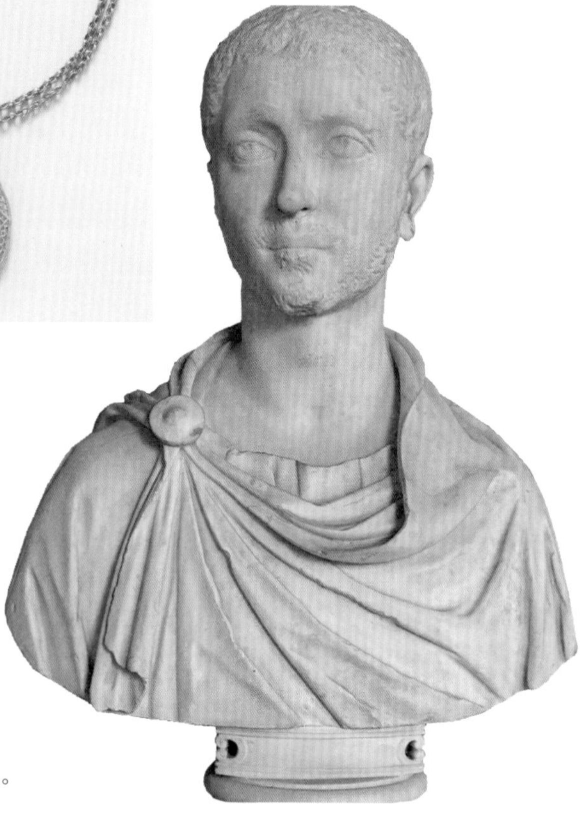

賽維魯頭像。

塞維魯出生於非洲行省大萊普提斯（今利比亞），他的父親是騎士階級。塞維魯在二十八歲進入元老院，四十五歲成為執政官，四十七歲任上潘諾亞總督和駐多瑙河的司令官。

西元一九二年柯莫丟被弒，全國立即陷入動亂，翌年塞維魯便在駐軍的擁護之下稱帝，隨即開始積極征討其他同樣稱帝的競爭者。經過四年多的內戰，塞維魯取得最後的勝利，返回羅馬。

塞維魯回到羅馬的第一件事，就是殺掉三十多個在內戰期間支持其他對手的元老，這所產生的強烈震懾效果不難想像。但這還只是開始，軍人出身、行事作風非常獨斷的塞維魯，根本不把元老院放在眼裡，「裁抑元老院」成為他的王朝留給後世最鮮明的印象之一。

塞維魯一方面將元老們一個個從政府的要職上撤下來，然後以文化素養普遍不及元老的騎士階級來一一取代。另一方面，由於塞維魯堅信「槍桿子出政權」，畢竟自己當初之所以能夠坐上皇帝的寶座，就是靠著軍隊的擁護，所以他上臺之後不但解散了原有的禁衛軍，還大肆擴軍，將羅馬軍隊擴充到前所未有的地步，其中還大多都是外族人。塞維魯並且用提高士兵待遇、經常給予獎賞、拔擢騎士階級、從中來任命將領（從奧古斯都屋大維以來，將領都是出自元老階級）等多種手段，來籠絡軍隊，其實就是希望軍隊永遠做自己的後盾。

即使是在提高行省地位的時候，塞維魯也沒忘記打壓元老院；對於那些由元老階級所負責治理的行省，塞維魯從騎士階級挑選出欽差，讓這些欽差派駐在行省，用來監督元老總督的施政。這麼一來，就算塞維魯沒有直接廢除「由元老院轄行省」的傳統，這些元老階級出身的總督也處處受到掣肘。

塞維魯還削奪了元老院在羅馬城和在義大利境內的司法權。從此以後，羅馬城的司法由政府的羅馬市尹來負責，而在義大利境內的司法，則由禁衛軍司令來負責。

關於刑事案件的處理，塞維魯也藉著將全國人民分為幾個不同等級的方式，趁機將元老階級和騎士階級併為一個階級，其他還設了市邑長老、各級軍人、小民階級等等，這些都是對元老階級長期以來所享有的尊榮進行一種剝奪。總之，塞維魯種種裁抑元老院的用心是顯而易見的。

至於加強皇權，塞維魯更是不遺餘力。有一位當時的法學家公開表示，整個羅馬帝國就是塞維魯的私有財產，塞維魯不僅是所有人的主宰，他的一言一行也完全不受任何法律所約束。

縱觀塞維魯的政績，在武功方面最值得稱頌的是，除了在登基之初結束內戰之外，還有一樁大事，就是在西元一九七年率軍入侵安息帝國的美索不達米亞，並且在兩年後，成功的將美索不達米亞併入到羅馬帝國的版圖。

不過，十一年後（西元二〇八年）塞維魯出兵不列顛就沒有什麼斬獲，三年後他還死在了不列顛，享年六十六歲。臨終前，塞維魯把兩個兒子卡拉卡拉（西元一八六～二一七年）和蓋塔（西元一八九～二一一年）叫到病榻前，希望他們兄弟倆能夠和睦相處，並且叮嚀他們要依循自己的做法，盡力讓士兵們發財，其他的人就不用去管了。

塞維魯過世之後，卡拉卡拉和蓋塔同時即位，為共治皇帝，但是不到一年，卡拉卡拉就把弟弟蓋塔、蓋塔的妻子和岳父及其同黨，全給殺了，還讓元老院立法通過一項「除憶詛咒」，把蓋塔曾經有過的功績全部消除。

父親臨終前另外一個重要叮囑，卡拉卡拉倒是謹記在心，繼續執行處處優待軍隊的政策，只不過，為了支付軍隊的龐大開銷，他不得不「節約成本」，因此降低了羅馬硬幣百分之二十五的含銀量。

為了增加稅收以及服役的人數，卡拉卡拉在西元二一二年頒布了「安東尼努

畫作《在母親懷中死去的蓋塔》，描繪卡拉卡拉殺害胞弟，獨坐帝位。

斯敕令（或譯為「安東尼尼安憲令」），將帝國境內所有的自由民都授予羅馬公民的身分。

在成為帝國唯一的獨裁者之後，卡拉卡拉只在帝位寶座上坐了六年，三十一歲（西元二一七年）那年就在出征帕提亞時遇刺而死。刺殺卡拉卡拉的人名叫馬克利努斯（約西元一六五～二一八年），是近衛軍長官（「近衛軍」是泛指軍隊中的精銳之師），軍團隨即擁立馬克利努斯為帝（也有馬克利努斯是自立為帝一說），然後他又與兒子迪亞杜門尼安共治帝國。

馬克利努斯是羅馬帝國第一個出身於北非努米底亞行省的皇帝，也是第一個不是元老、僅僅是騎士而當上皇帝的人。他沒有顯赫的家世，父親是解放奴隸。登基之後，馬克利努斯在非常不利的條款之下結束了帕提亞的戰爭，又縮減軍費，引起軍團極大的不滿。翌年，米薩（塞維魯的妻妹）煽動了一場叛亂，敘利亞駐軍擁立米薩年僅十五歲的外孫埃拉伽巴路斯（西元二〇三～二二二）。緊接著，這股勢力便打敗了馬克利努斯，馬克利努斯和兒子迪亞杜門尼安來不及逃回羅馬即雙雙遇害，在位僅短短的一年。少年埃拉伽巴路

亞歷山大．塞維魯肖像，出自 15 世紀的《紐倫堡編年史》。

斯，也就這樣成為羅馬歷史上第一位出身於帝國東方敘利亞的皇帝。

由於新皇帝年少，國政被把持在米薩的手裡，這也是羅馬歷史上一段頗為特殊的女人當政時期。由於埃拉伽巴路斯和元老院的關係很不好，生活又非常糜爛，沒幾年功夫就被米薩給殺了，死的時候才十九歲。

米薩改立另外一個時年十四歲的外孫為帝，這個孩子名叫亞歷山大．塞維魯（西元二〇八～二三五年）。

亞歷山大．塞維魯在位十三年（西元二二二～二三五年），他是塞維魯王朝最後一位皇帝。在位期間，他任用著名的法學家做為顧問，在元老院下成立攝政團，讓元老院可以積極參與法案，與元老院的關係大有改善，可以說幾乎是恢復了皇帝與元老院的合作。

此外，根據中國歷史的記載，有羅馬商人於西元二二六年來到中國，當時中國正值三國時期（西元二二〇～二八〇年），羅馬商人受到吳王孫權（西元一八二～二五二年）的接見，孫權詢問了許多關於羅馬的風土人情，成為中外交流的一樁美事，當時正是亞歷山大．塞維魯在位期間。

西元二三一年，帝國邊境爆發了危機，年輕的亞歷山大．塞維魯率軍去東方與波斯人作戰，待危機剛剛緩解，又趕到西方抵抗日耳曼人的入侵。四年之後，因為軍隊發生叛亂，二十七歲的亞歷山大．塞維魯被殺，塞維魯王朝也宣告結束。

塞維魯王朝只延續了近半個世紀，為什麼說這個階段是羅馬歷史由盛轉衰的關鍵期呢？

最重要的一點，便是這個王朝的第一位皇帝塞維魯，他公然拋棄了羅馬共和時期的諸多傳統，首開軍事專制的先例，使奧古斯都屋大維苦心建立的元首制轟然崩塌。

為了鞏固自己的統治，塞維魯可以說是費盡心思的拼命拉攏軍團，一再提高軍隊各方面的待遇，在臨終前還殷殷交代兩個繼位的兒子（卡拉卡拉和蓋塔），一定要記得讓士兵們發財。可是，這麼做的結果，就是直接造成國家財政的沉重負擔，塞維魯和之後的皇帝都為此不得不數度貶低幣值。為了確保稅收，政府也加強對於各個行業的管制，過去工商業在元首制統治下所享有的自由，漸漸消無。更嚴重的是，過去市邑制度向來為地方自治的基礎，現在卻淪為皇家政府徵稅的機構。

同時，一味討好軍隊的種種做法，也造成軍團的驕橫，稍有不滿動輒就廢立皇帝，嚴重影響了政局的穩定。塞維魯王朝一共有五位皇帝，在塞維魯之後，竟有三位都是遭到軍隊所弒，這大概是塞維魯作夢也想不到的吧？

此外，塞維魯王朝有一個明顯的特色，就是「帝國行省化」，五位皇帝中兩位出身非洲、兩位出身敘利亞，還有一位是軍人出身，行省的色彩極為突出。打從西元前三世紀中葉，羅馬首度將西西里大部分地區設為行省以來，建立行省本來是為了擴大帝國的政治基礎，然而一旦行省的軍隊竟然可以輕易的支配帝國，那自然就成為災難了。

2 「世界重建者」奧理良

塞維魯王朝結束之後的半個世紀（從西元二三五～二八四年），羅馬竟然前前後後多達二十幾位皇帝，軍隊廢黜或擁立皇帝形同兒戲，一個個皇帝就像走馬燈一樣，不斷在皇帝寶座上匆匆坐坐，然後往往還沒等到屁股坐熱就下臺一鞠躬了，每一位平均只在位二至三年，而且絕大多數皇帝的下場還都挺悲慘的，都是被軍隊甚至是自己的部屬所弒。幾乎完全一樣的戲碼就這樣不停的重覆。帝國高層統治集團混亂不堪，再加上高盧的分裂、北方蠻族的入侵、東方帕爾米拉王國的崛起，種種危機四伏，帝國卻應對無方，很多時候偌大的帝國竟然都群龍無首，幾乎是處於一種無政府的狀態，史稱「三世紀危機」。

其中在西元二五八～二六九年這十年之間，甚至被稱為「三十暴君時代」。這段時期相當於中國歷史上的三國時代（西元二二〇～二八〇年）。中國的三國時代也是一段混亂的年代（應該說是從東漢末年就開始進入混亂的狀態），所以歷來一直有人喜歡把「三國時代」與「三十暴君時代」相提並論。

結束「三十暴君時代」的是奧理良（西元二一四～二七五年）。

奧理良出生於羅馬帝國的達西亞行省，一說是潘諾尼亞行省（都是今天歐洲的中心地區）。他的父母，書上沒有記載他們的名字，只知道社會地位不高；他的父親曾經從軍，退伍之後便在一位元老院元老的產業上做佃農，這位元老名叫奧理略。父親在得子之後，便將兒子取了一個類似「奧理略」的名字——「奧理良」，而他的母親可能是一位太陽神神殿裡頭的女巫。

奧理良很早便投身軍旅生涯。對於出身不高的人來說，這是一個不錯的選擇，有機會出人頭地。果然，奧理良在軍中如魚得水，由於表現不俗，得到上級長官的賞識，多次受到拔擢，一路升遷。

在奧理良五十四歲那年（西元二六八年），與克勞狄二世（生年不詳，卒於西元二七〇年）在對抗哥德人入侵的「奈蘇斯戰役」中，以少勝多，擊潰了哥德人。據稱他殲敵五萬，表現相當突出。奈蘇斯位於今天塞爾維亞境內。

恰好長久以來，帝國軍隊都把重心都放在爭奪帝位，自然就無心正事，以至於邊防空虛。從西元第三世紀前半業開始，蠻族入侵的事就時有發生，哥德人還只是其中之一，他們最初是侵入多瑙河流域的行省，後來又侵入黑海區域，帝國在亞洲和愛琴海沿岸的城鎮很多都遭到掠奪。

其他還有阿拉曼人和法蘭克人侵占萊茵河流域的土地，並進一步侵入高盧，然後又將勢力南下推進至義大利半島北部的米蘭。在東方，帝國的邊境也飽受威脅，先是新波斯帝國的薩珊王朝已經取代了安息帝國，並且進一步西進，計畫直接進犯羅馬帝國。之後雖然在

奧理良畫像，他是結束三十暴君時代的軍人皇帝。

敘利亞被一個帝國的附庸小邦帕爾米拉所成功阻擋，但帕爾米拉王國隨即又與帝國翻臉，所以帝國東邊的危機還是沒能解除。

可以說從西元第三世紀前半葉開始，帝國的邊境四面八方都不安寧。

羅馬軍隊在「奈蘇斯戰役」取得勝利之後，由於皇帝在戰役過後很快就死了，此戰役的主將克勞狄二世便被擁立為帝，並得到一個稱號「哥德人的征服者」。

過了兩年左右，克勞狄二世也死了，元老院擁立克勞狄二世的弟弟昆提盧斯（生年不詳，卒於西元二七〇年）即位，但是軍隊不服，自行擁立當時任騎兵總司令的奧理良。結果元老院迫於軍隊的壓力，只能追認奧理良為帝，而那位才剛剛當上皇帝就被趕下臺的昆提盧斯，沒法接受這樣的侮辱，憤而自殺。

奧理良一登上帝位，就立刻積極應對蠻族入侵的問題。就在他登基同一年，汪達爾人大舉入侵，奧理良很沉得住氣，趁著汪達爾人興高采烈以為「滿載而歸」時，率軍展開伏擊，結果於翌年（西元二七一年）年初殲滅了這一支汪達爾人。緊接著，奧理良又率軍前往義大利半島北部的波河流域，擊敗了阿拉曼人，收復

錢幣上的奧理良頭像。

了之前被阿拉曼人占領的幾個城市。

奧理良功勛卓著，元老院特別贈給他一個「日耳曼征服者」的稱號。

不過，還有兩個問題仍十分棘手，那就是該如何處理北方哥德人的進犯，東邊又該如何處理背棄帝國的帕爾米拉王國。

由於羅馬帝國無法在達其亞行省維持足夠的兵源來對付哥德人，奧理良不得不於西元二七一年與哥德人簽訂和平條約，承諾撤出達其亞地區，退至多瑙河南岸，雙方從此以多瑙河為界。緊接著，奧理良又從默西亞、達爾馬提亞與色雷斯三個行省，畫出一些區域加以合併，建立一個新的行省，叫做「新達其亞」，並且將兩個從多瑙河北岸撤出的軍團配置在這裡。

哥德人的問題就這樣暫時獲得解決。同年夏末，奧理良旋即領軍東征帕爾米拉王國。

帕爾米拉王國是沙漠商道的重要據點，古代東西方商旅凡是要穿越敘利亞沙漠，都會把這裡視為中轉站，被譽為「沙漠之橋」。他們原本臣服於羅馬帝國，後來卻與羅馬為敵，所以，為了保障帝國東方的邊境，羅馬終須與帕爾米拉王國一戰。

此時帕爾米拉王國掌權的是一位女王，名叫芝諾碧亞（約西元二四〇～

二七四年），她本是王后，西元二六七年丈夫過世的時候，她還不到三十歲，馬上接手治理國家，成為女王。她做得有聲有色，趁羅馬帝國中央紛紛擾擾、無暇顧及其他之際，擴張領土，不僅併吞了敘利亞，還占領了埃及。埃及可是羅馬帝國的穀倉，埃及被奪走的意義真是非同小可，一時之間帕爾米拉王國的勢力不容小覷，直接威脅到了羅馬帝國。

在開打之前，奧理良先派人送了一封招降書給時年三十一歲左右的芝諾碧亞，以「保全她的家族、財富與城市」為條件，要求芝諾碧亞開城投降。這封招降書沒有用「國王」或是「女王」的頭銜來稱呼芝諾碧亞女王，令女王深感被冒犯，立刻回了一封很不客氣的信，信的開頭是「東方女王芝諾碧亞致書奧理良皇帝」，信中大概表達了兩層意思，先說「從來沒有人能像閣下這樣，向本人做出這樣的命令，若閣下身為戰士，就該知道像這樣的事應該是由沙場來決定，而非書信」（意思是招降不僅毫無可能，還簡直可笑）；接著就強硬表示她已獲波斯援軍，很快就會到達，而阿拉伯人、亞美尼亞人以及敘利亞沙漠中的貝都因人也都願意與她結盟，所以，如果羅馬帝國不趕快退兵，那就走著瞧吧！

在芝諾碧亞女王的丈夫還在位的時候，帕爾米拉王國就已經打造了一支精銳的騎兵部隊，而羅馬帝國則仍然主要是以頂級步兵出戰。在此西元第三世紀中期的羅馬騎兵，和三百年前凱撒時期相比，無論是戰術或是裝備都沒有什麼顯著的變化，就攻擊力而言，比帕爾米拉騎兵要遜色很多。同時，羅馬步兵的機動性和數量雖然超過帕爾米拉**甲騎具裝**的重騎兵，但由於士兵幾乎都不覆甲或是僅著胸甲，就防護力來說自然也無法與對手相比。

然而，古往今來影響戰爭勝負的因素很多，並非完全取決於軍事裝備，這是歷史不斷驗證出來的道理，譬如軍隊的規模、士兵平時所受到的訓練、指揮官的臨陣發揮、能否善用地形等等，都是非常重要的因素，而向來訓練有素的羅馬士兵、良好的軍隊紀律，以及士兵們對皇帝的忠誠，都是羅馬致勝的原因。

西元二七二年夏天，戰爭開始以後，雙方發生了兩次會戰，分別是「伊姆瑪亞戰役」和「埃美薩之役」，勝利的一方均為羅馬帝國。第一場戰役，羅馬以看似弱小的舊式羅馬輕裝騎兵，打敗了東方的鐵甲重裝騎兵，靠的主要是優秀的戰術，先誘敵深入再設計伏擊，把對手殺得措手不及；第二場戰役，羅馬則以步兵迎戰帕爾米拉的騎兵，能夠取勝也是由於奧理良出色的指揮，他下令步兵維持陣型，就算眼

甲騎具裝——是泛指全副武裝的騎馬部隊，不僅戰士身著甲冑，就連馬匹也多半都披著馬鎧，最早應是起源於安息和薩珊王朝（古波斯最後一個王朝），經阿拉伯人傳入西歐，在十七世紀以後由於軍事戰術進步以及火器普及，甲具逐漸退出歷史舞臺。在中國也有甲騎具裝的重騎兵，後來因為機動性的問題，在唐朝以後漸漸被輕騎兵（馬匹不披甲）所取代；儘管到了遼金時代出現過復興現象，但是到了元明清的時候再一次衰落。

《芝諾碧亞女王最後一次看帕爾米亞》，1888 年創作的油畫。

帕爾米拉王國的錢幣。王國由硬幣上的人物芝諾碧亞所建，是從羅馬帝國短暫分裂出的政體。

看帕爾米拉的騎兵都已經殺到眼前，仍然巍然不動，直到雙方的距離夠近，再以木棍擊打敵方馬匹的腳，待敵方騎兵墜下馬來，再以短劍迅速殺死。

這兩場戰役，「伊姆瑪亞戰役」令帕爾米拉元氣大傷，隨之而來的「埃美薩之役」則是關鍵性的一役，帕爾米拉損失慘重，就連芝諾碧亞女王的兒子也在此役中陣亡。不過，芝諾碧亞女王仍不肯認輸，她穿越沙漠回到了位於沙漠中央的帕爾米拉城，然後封城不出，想讓奧理良自動退兵。

「拒不出城應戰」這一招，確實讓羅馬軍隊很頭痛。羅馬除了圍城之外，無計可施，可是由於後勤補給不易，帕爾米拉城守軍的弓箭、投石器、標槍等等又非常厲害，城墻四周密密麻麻排滿了投石器，不斷的朝羅馬軍隊展開攻擊，有時大型投石器還會投出著火的「炮彈」，一旦落地四周就會一片火海，殺傷力很強。

奧理良一次在給部屬的書信中抱怨，說聽聞羅馬城有人取笑堂堂羅馬皇帝竟然在跟一個女人作戰，但是這些人不知道他所面對的是武器和裝備都相當精良的軍隊，只不過他們的首領是一個「像男人一樣勇敢的女人」。不過，奧理良仍然堅信，諸神一定還是會眷顧羅馬人，最終的勝利一定還是會屬於羅馬。

後來，奧理良動用了所有東方行省的資源，讓這些行省全部都加入後勤補給的工作，堅持圍城。於是情勢遂對帕爾米拉愈來愈不利。就在城破之前，芝諾碧亞女王帶著少數重臣打算逃往波斯，但很快就被羅馬軍隊抓獲，而城內老百姓一聽說女王被補，也立刻開城投降。

芝諾碧亞女王隨即和其他許多俘虜一起被帶回羅馬。因為這一次的勝利，奧理良被贈予「東方重建者」的稱號。

西元二七三年，奧理良挾著征服帕爾米拉王國的餘威，率軍準備趁勢收復已經分離十四年的高盧帝國，結果高盧帝國不戰而降。原來此時高盧帝國的皇帝泰特里庫斯一世（生卒年不詳），上臺僅兩年左右，他出生於羅馬元老貴族世家，在思想上本來就傾向於羅馬帝國的統一。因此當這年秋天，羅馬軍隊來到高盧的北方，抵達香檳地區的平原，在雙方軍隊即將展開對峙的前一夜，泰特里庫斯一世來到羅馬軍隊的軍營，與奧理良有了一番懇談，隔天就宣布投降。

到這個時候，原來已經三分的羅馬帝國版圖在奧理良的手上再度統一，奧理良因此又獲贈「世界重建者」的稱號。

西元二七四年，元老院為六十歲的奧理良在首都羅馬舉行了盛大的凱旋式。沒想到翌年奧理良卻遭到刺殺。

在位只有短短四年多的奧理良，收復了羅馬帝國曾經失去的三分之二的疆域，將分裂達半個世紀的羅馬再次統一。由於軍功顯赫，奧理良過世之後，受到元老院正式「封神」。

除了軍功，奧理良還做了一件事也值得一提，就是重新修築羅馬城的城牆。「**奧理良城牆**」是目前羅馬城保存完好的著名古城牆。

3 開創「四帝共治」的戴克里先

奧理良過世之後，接下來又有近十年的時間，不斷發生皇帝遭到篡弒的事件，直到西元二八四年，時年四十歲的戴克里先（西元二四四～三一二年）在軍隊的擁立之下登基，政局才總算比較趨於穩定。後來戴克里先不僅結束了「三世紀危機」，還改變了羅馬帝國的政治體制。奧古斯都屋大維所建立的元首制，在實行了兩百多年以後，被戴克里先盡棄。在戴克里先的手上，羅馬帝國成了一個東方式絕對專制的國家。

戴克里先出生於達爾馬西亞（今南斯拉夫），父親是一個被釋放的奴隸。他以一個下層勞動人民之子的卑微身分參加軍隊。和奧理良極為類似的是，他雖然出身不高，可還是憑著自己的本事、藉著在

奧理良城——在凱撒的時代，由於國家不斷向外擴張，羅馬城沒有受到外敵侵擾的可能性，為了滿足首都更好的發展需要，凱撒下令拆除了城牆。但是到了奧理良的時代，各種蠻族入侵義大利的事時有所見，羅馬城沒有城牆做為防護，就變得非常危險，因此奧理良於西元二七一年上臺不久，就下令重新興建羅馬城的城牆。這項工程於六年後完工，城牆以石磚蓋成，一共十九公里，平均高度六公尺、厚三．五公尺，有十八座城門，每座城門上都有防衛塔。城牆完工時奧理良已過世，沒能親眼看到羅馬又成為一座有城牆的城市。

保存良好的奧里良城牆。

軍事方面出色的才能，而漸漸受到矚目，後來做到了皇帝卡魯斯（西元二三〇～二八四年）的親衛隊隊長。

西元二八四年，卡魯斯皇帝在登基之後不久，為了帝國的穩定，決定遠征波斯。出發之前，他先把兩個兒子擢升為凱撒，然後讓長子卡里努斯（生年不詳，卒於西元二八五年）統領西部，自己則帶著次子努梅里安（西元二五三～二八四年）一起東征波斯。

這次東征，大概是歷來羅馬東征中最為順利的一次，幾乎沒有遭遇到什麼抵抗。這是因為當時的波斯正好有內戰，波斯國王巴赫蘭二世正率著大軍，在東部應付向他發起挑戰的競爭者，忽然得知羅馬人入侵，一方面趕緊回防，另一方面也趕緊派出使者想要與卡魯斯皇帝議和。

此時羅馬軍團士氣高昂，卡魯斯皇帝更是雄心勃勃，準備徹底滅了波斯，實現將帝國版圖擴大至印度河的目標，這可是羅馬有史以來沒有任何一位皇帝能夠做到的事。於是，卡魯斯皇帝斷然拒絕了波斯的求和，並立刻率軍向底格里斯河以東進發。

萬萬沒有想到，就在卡魯斯皇帝以及羅馬軍團都認為勝券在握、許多人甚至都已經開始在羅馬城為皇帝準備凱旋式典禮的時候，卡魯斯皇帝卻突然死了，享年五十四歲，在位還不到一年半。卡魯斯皇帝死得很蹊蹺，相傳是在那年八月末一次暴風雨中，皇帝的帳篷不巧被雷電擊中。按書上記載，當時很多耳語都說，一定是因為神諭昭示過羅馬人，切勿越過底格里斯河，否則必然會天降災禍。實際上，現代學者大多推測是因為皇帝年紀也不小了，應該是本來就身患疾病，然後因雷暴而加重了病情。

卡魯斯皇帝一過世，努梅里安便就地稱帝，與稍早之前稱帝的哥哥一起成為共治皇帝，然後繼續東征。與此同時，剛剛平定高盧邊疆戰事的卡里努斯，在接獲父親過世的消息以後，就迅速返回羅馬。

一個多月以後，當努梅里安率軍行進至小亞細亞的尼科米底亞時，又突然死了，年僅三十一歲。這時，親衛隊隊長戴克里先，因為發現近衛軍長官阿培爾企圖封鎖努梅里安的死亡消息，嚴重懷疑阿培爾連續殺了兩位元首，並且隨後在格鬥中將阿培爾殺死。緊接著，士兵們便擁立戴克里先為帝。

而在羅馬城縱情享樂的卡里努斯，得知戴克里先竟然稱帝，自然是十分火大，馬上率軍對戴克里先展開攻擊。關於雙方交戰結果歷來有兩個不同的版本，一個說卡里努斯所擁有的軍隊規模遠超過戴克里先，所以在開戰之後，戴克里先險些被消滅，後來是因為卡里努斯自己行為不端被部下所弒，這麼一來他的軍隊就全部宣布要效忠於戴克里先；另外一個說法則是指戴克里先打敗了卡里努斯，然後原先卡里努斯的部屬就全部倒向了戴克里先。

不管如何，在卡里努斯死後，戴克里先就成了羅馬帝國唯一的統治者。

戴克里先在位二十一年（西元二八四～三〇五年），前面的十四年（西元二八四～二九八年），由於不斷挑起戰爭以保衛帝國的疆域，引起很多平民的不滿，因而各地經常發生起義事件。不過，到了西元二九八年，戴克里先不僅打敗了國內的政敵，也成功阻止日耳曼人橫渡多瑙河與萊茵河，又制止了波斯帝國對敘利亞和巴勒斯坦的進犯，保護了帝國的領土，終於穩住了政局。

而在皇帝寶座上一坐穩，五十四歲的戴克里先便開始著手改革。儘管他的改革要到之後君士坦丁大帝（西元二七五～三三七年）時期才正式宣告完成，但戴克里先對於羅馬帝國制度的諸多改革，自然仍是意義非凡。

這些舉措主要包括以下幾個方面：

- 採用波斯和東方的朝儀，徹底拋掉「第一公民」之類的頭銜，改以一種絕對專制者的姿態出現，他的稱號是「主公」。
- 建立「四帝共治」的制度，這成為羅馬帝國後期主要的政治體制。戴克里先將帝國分為東西兩部，以多瑙河至達爾馬提亞以南的亞得里亞海為界，他自己待在帝國東部，把西部交付給馬克西米安（約西元二五〇～三一〇年），兩人同稱「奧古斯都」，然後又各自指定一個儲君，都稱為「凱撒」。這麼一來，帝國就同時有了兩個奧古斯都和兩個凱撒，既解決了帝國因為領土遼闊、不易治理的問題，又可及早培養指定的接班人。四帝都各自維持一個東方式的朝廷，當然，戴克里先是四帝之首。

馬克西米安比戴克里先小六歲，出身農民家庭，不識字，也不懂法律，曾在奧理良、卡魯斯等皇帝手下擔任軍職。他的統率能力普通，但非常勇敢，多次完成艱巨的軍事任務。戴克里先之所以選擇馬克西米安為共治皇帝，除了因為兩人的情誼頗為深厚之外，主要還是看重馬克西米安「缺乏指揮能力，但驍勇善戰」的特質，如此既能幫自己分擔繁重的軍務，另一方面又不會威脅到自己的統治。

● 戴克里先把帝國從四十五個行省畫分為一〇一個行省，總督對地方事務握有大權，但不掌理軍事。也就是說，為了杜絕長期以來軍隊經常挾武力來廢黜或是擁立皇帝的亂象，戴克里先將軍事和行政加以畫分，尤其讓行省的軍團都分駐於國家邊境的屯所，然後實行授田制度，使士兵逐漸成為屯卒，定居於土地，由每一行省所設的「公」或「伯」來管轄。

君士坦丁一世的雕像，豎立於英國約克大教堂廣場。

戴克里先的王宮重圖。他在位期間的制度改革，對羅馬帝國而言意義非凡。

●戴克里先削奪了元老院在帝國中慣有的特殊地位，元老院從此形同羅馬城的市議會，與帝國其他市邑的長老會相當，皇帝成了帝國至高無上的權力所有者，可以說所有權力都集中於皇帝一個人的身上。在中央，皇帝之下，形成一個金字塔式的官僚組織；在地方，四個皇帝之下又有四個行政長官來分掌四個行政區的行政事務，這四個行政長官雖仍然使用禁衛軍司令的名號，但是都被拿掉了軍權，只是一個文官。

西元三〇五年，六十一歲的戴克里先倦勤，決定退休，回到家鄉去種**捲心菜**。他命馬克西米安也同時引退，由兩個凱撒接棒繼位。戴克里先是羅馬歷史上唯一一位自願放棄帝位、而不是被人拔除或是死於任上的皇帝。

戴克里先的改革，尤其是他所設計的「四帝共治」，顯然並沒能完全解決帝國的紛爭，只是一種暫時性的救亡圖存之計，因為當他還在位的時候，還可以靠著自己的影響力來控制局勢，可是當他一旦退位，羅馬帝國就再度迅速陷入到內亂之中。

長久以來，關於戴克里先的暮年結局，一如他當初擊敗對手然後上臺，也是

捲心菜——又名包菜、洋白菜、結球甘藍，具有較高的食用價值，在人類文明史上已經有四千多年的栽培歷史。

有兩個不同的版本，一個說他安詳的度過了晚年，另一個則說因為眼看自己的「四帝共治」制度遭到破壞、各項改革成果毀於一旦，大受打擊與刺激，竟然導致精神失常，而悲慘的死去。總之，在種了七年的捲心菜之後，戴克里先的人生走到了盡頭，享年六十八歲。

大多數學者認為，戴克里先的改革，去除了共和時期早已不合時宜的殘存體制，走向絕對專制，使得羅馬帝國對於境內各個地區的統治得以存續，最起碼在東部地區持續了數個世紀之久，當然還是有一定的意義，但是他的改革不僅如前所述沒能完全解決帝國的紛爭，同時還製造了不少新的社會問題，這也是我們不能忽略的。

比方說，在「四帝共治」這樣的制度下，需要大量的文官，再加上為了應付龐大的軍政支出，自然需要比以往更多的經費，於是，為了確保經費來源，政府不僅規定每一個城市應繳的稅金數額，由各個城市的議會成員和行政長官來負責，而且這些職位都不准辭職，還要世代相傳，這麼一來，擔任公職本來是一種榮譽，現在卻變成了一項苦差事。

除了官吏，其他階級也必須堅守自己的崗位，農民更是不得遷居、不得離開土地，毫無懸念就此成為了農奴。這些規定的出發點，同樣也是為了要鞏固帝國

退休的戴克里先。

的稅源。

這些做法使得帝國的社會結構變得非常僵化，嚴重缺乏靈活性，再加上皇帝至高無上的權力，使得皇帝自然而然成了社會門第的主宰，新的一大批文官也取代了過去的元老階級和騎士階級，成為帝國的新興貴族。

此外，即使是採取嚴密且僵化的社會結構，希望以此來確保稅收（當時的主要稅收分別是田地稅、人頭稅和貨物稅），但稅收還是會時有不足，這時候帝國就會採取通貨膨脹的辦法，在金子裡面摻銀、又在銀子裡面摻銅。同時，為了穩定物價，政府還會嚴令限價，但可想而知，此舉勢必導致黑市的出現。

4 第一位信奉基督教的羅馬帝國皇帝——君士坦丁大帝

君士坦丁一世（西元二七五～三三七年），史稱「君士坦丁大帝」，是羅馬帝國後期聲名最顯赫的皇帝。他完成了戴克里先改革帝國制度的未竟工作；為了因應帝國經濟和文化重心的東移，在帝國東部拜占庭興建新皇宮，命名為「新羅馬」，做為帝國的新都，但老百姓為了表示對君士坦丁的尊敬，都將這個地方稱做「**君士坦丁堡**」；他還正式給予基督教在帝國中的合法地位，並首開後來歐洲

君士坦丁堡——此後一千年，君士坦丁堡都是拜占庭帝國（即東羅馬帝國，西元三九五～一四五三年）的首都，因此君士坦丁也被視為拜占庭帝國的創立者。之後幾個世紀，君士坦丁堡又一直是土耳其帝國的首都。

長時期政教合一的先河，影響深遠。

君士坦丁出生於羅馬帝國上麥西亞行省的內索斯（今塞爾維亞東部的尼什），是君士坦提阿（西元二五〇～三〇六年）的長子。母親是一家小旅店的女僕，父親在卡魯斯皇帝時期是達爾瑪提亞（今克羅埃西亞地區）的首長，深獲卡魯斯皇帝欣賞，據說卡魯斯皇帝還曾經有意要收君士坦提阿為養子，打算日後以君士坦提阿來取代兒子繼承帝位。

在君士坦丁十八歲那年（西元二九三年），時年四十三歲的君士坦提阿被西部帝國的奧古斯都馬克西米安任命為凱撒，也就是儲君，然後他就離棄了君士坦丁母子，轉而迎娶馬克西米安的女兒為妻。

君士坦丁年輕時在帝國的東方服役，效忠於帝國的最高皇帝戴克里先。在他三十歲時（西元三〇五年），由於戴克里先和馬克西米安雙雙退位，父親君士坦提阿順理成章升為西部帝國的奧古斯都，君士坦丁遂立即奔赴不列顛與父親會合。此時君士坦提阿五十五歲，健康狀況不佳，後來登基僅僅十五個月就過世了，於是，西元三〇六年夏天，君士坦丁就在英格蘭北部的城市約克，被不列顛軍團擁立為帝國西部的奧古斯都，隨即迅速出兵控制了不列顛和高盧地區。

這樣過了五年左右，西元三一一年，帝國東部的奧古斯都蓋勒里烏斯（約

《君士坦丁與馬克森提烏斯之戰》，1650 年畫作。

《君士坦丁與米爾維亞橋之役》，出自 9 世紀的拜占庭手稿。

西元二六〇～三一一年）過世，時年三十六歲的君士坦丁與另外三位對手遂展開對最高皇帝寶座的爭奪戰，這三位對手分別是：李錫尼（西元二六三～三二五年）、馬克森提烏斯（西元二七八～三一二年）以及馬克西米努斯（西元二七〇～三一三年）。

君士坦丁先聯合李錫尼一起對付馬克森提烏斯。君士坦丁率軍越過阿爾卑斯山，占領了義大利，西元三一二年在一場戰鬥中擊敗了馬克森提烏斯（因為戰場位於台伯河一座大橋附近，所以被稱為「米爾維亞橋之役」）。馬克森提烏斯在逃跑時慌不擇路，落水而死。君士坦丁就此成為帝國西部的霸主。

翌年，整個羅馬世界已儼然形成由兩位皇帝共治的態勢，帝國西部歸君士坦丁，東部歸李錫尼。不過此時馬克西米努斯的勢力還在。

君士坦丁比李錫尼要小十二歲。西元三一三年，兩個奧古斯都一起做了兩件大事。第一，為了鞏固彼此之間的合作，雙方聯姻，李錫尼迎娶了君士坦丁同父異母的妹妹；第二，雙方在麥地奧蘭（今米蘭）會晤，旋即同時簽署了「米蘭敕令」，給予基督教在帝國境內的合法地位——這可是一件了不得的大事！

同一年，李錫尼在小亞細亞大敗馬克西米努斯，正式成為東部的皇帝，也正式與西部皇帝君士坦丁瓜分了帝國。

然而，這對姻親無論誰畢竟都還是想當帝國最高的奧古斯都、也就是唯一的皇帝，於是，僅僅只維持了一年左右的和睦就翻臉了。

雙方之間的戰鬥持續了十一年。西元三二四年，君士坦丁終於擊潰了李錫尼，李錫尼在得到可以保全性命的承諾之下投降。可是，第二年君士坦丁還是以私通蠻族、圖謀不軌為由，將自己的姊夫給處死了，從此成為羅馬帝國唯一的統治者。這年君士坦丁五十歲，比父親當年當上西部帝國奧古斯都的時候還要年輕五歲，而且君士坦丁可說是青出於藍，不僅超越了父親西部帝國奧古斯都的格局，成為整個羅馬帝國地位最高的奧古斯都，更不要說他的天下是自己打出來的。

成為羅馬帝國唯一的主宰之後，君士坦丁原本是想立刻取消戴克里先「四帝共治」的制度，但是由於自己才剛剛上臺，不免擔心若操之過急，在局勢還不是那麼穩定的情況下，恐怕會適得其反，於是，君士坦丁除了任命自己的長子克里斯普斯為凱撒之外，還是不得不先採取比較穩妥的做法，任命自己的親信一起共治。

克里斯普斯相當優秀，尤其是在軍事方面的才能更是為眾人所稱道，大家都看好他會成為下一任的皇帝，不料在西元三二六年，竟因遭到繼母「企圖陰謀篡位」的誣陷而被處死。君士坦丁事後雖然頗為後悔，也以不忠的罪名將害死克里斯普斯的妻子處死，可是仍然任命與這位第二任妻子所生的三個兒子為凱撒。後來君士坦丁二世（西元三一六～三四〇年）統治西班牙、不列顛和高盧，君士坦提烏斯二世（西元三一七～三六一年）統治亞洲和埃及（帝國的東部），君士坦斯一世（約西元三二三～三五〇年）統治義大利和北非。

所以，君士坦丁實際上仍是延續了戴克里先的共治做法。

關於內政，在很多方面君士坦丁也都是延續戴克里先的政策，譬如實施文武分治，進一步強化官僚機構，建立起一套嚴格區別等級的官僚體系；徵收土地稅和人頭稅；允許大批蠻族在帝國境內定居和入伍，甚至允許他們擔任要職；嚴禁人民自由遷徙，一方面把農民綁在土地上，另一方面把手工業者綁在城市裡，就連各地市議員也都不准離開所屬的城市等等。對奴隸的懲罰則變本加厲，兩百年前曾經被「五賢君」之一哈德良皇帝廢除的「主人可以任意殺死奴隸」，又告恢復。

君士坦丁還制定了一些影響深遠的法令，包括規定某些職業（譬如屠夫和麵包師）為世襲，禁止佃農離開租種的土地，這麼一來，形同把原本的佃農變成了農奴，奠定了中世紀整個歐洲封建社會的基礎。

可以說君士坦丁完善了戴克里先的專制君主制度，同時他也和戴克里先一樣，以強制手段來解決經濟問題。羅馬就此成為一個軍事官僚國家。

此外，從西元三一三至三三二年，君士坦丁花了將近二十年的時間，分別在西部邊境和多瑙河沿岸擊退了入侵的哥德人和法蘭克人，這是君士坦丁引以為傲的軍功。不過，君士坦丁在位三十一年（西元三〇六～三三七年）的最重要舉措，還是他推行支持基督教的政策，大大提高了基督教的地位，這是他與戴克里先很不一樣的地方；戴克里先曾經大肆迫害過基督教，而且手段之激烈，就連許多多神教信徒也感到不以為然。

早在當年君士坦丁與李錫尼一起簽署「米蘭敕令」，承認基督教為合法且自由的宗教時，這樣的舉措就已非常的石破天驚，就算當時兩人是基於政治意圖，希望藉此爭取廣大基督徒的支持，可日後「米蘭敕令」頒布的這一年（西元三一三年）還是被視為早期基督教發展史上一個重要的分水嶺。

「米蘭敕令」其他主要內容還包括：

- 承認基督徒與其他異教徒一樣具有同等的信仰自由權。
- 把之前從基督徒手中沒收的教堂和教會財產歸還給他們。

● 免除基督教僧侶個人對國家的徭役義務。

● 主教有權審判教會案件。

在早期基督教的發展史上，「米蘭敕令」裡的內容每一項都是重大突破，意味著羅馬帝國的最高統治者對基督教的態度發生了根本性的變化。

「米蘭敕令」頒布之際，君士坦丁是帝國西部的奧古斯都，其實在君士坦丁統治的帝國西部，基督徒已經受到保護，所以實際上君士坦丁是藉由「米蘭敕令」把自己的宗教政策擴大到東部，這也意味著，早在帝國還處於二帝共治的階段時，西部皇帝的政治影響力就已經逐漸超越了東部的皇帝。

過了十一年，當君士坦丁戰勝了東部皇帝李錫尼，成為帝國唯一的皇帝之後，他很快便致函到東部各省，下令釋放之前所有遭到強制勞動的基督徒，並讓所有遭到流放的基督徒都得以重返家園，他也歸還所有基督徒被沒收的個人或是團體財產……甚至還強調基督教是真理，異教是錯誤的等等。無論是對於基督徒的保護、或是提高基督教的地位，內容都比「米蘭敕令」有過之而無不及。

需要強調的是，當時羅馬帝國官方仍然奉行對於羅馬眾神的信仰，君士坦丁只是扶持基督教，並沒有因此就為難其他合法的宗教。比方說，他在免去基督教會神職人員稅務和兵役的同時，也同樣免去了猶太**拉比**的稅務和兵役。

拉比——是猶太人中一個特別的階層，指那些接受過正規猶太教育、系統學習過《塔木德》等猶太教經典，並擔任猶太人社團或猶太教教會的精神領袖。另，在猶太經學院中傳授猶太教教義者，也被稱為「拉比」。

總之，雖然君士坦丁從來沒有把基督教定為國教，但他不僅讓基督教合法化，所制定的法律和一些相關政策，也都直接促進了基督教的發展。在君士坦丁的鼓勵之下，基督教成長迅速，影響力也隨之明顯擴大。在隨後不到一百年的時間裡，基督教就從一個原本僅屬於少數人的宗教，變成世界上最大帝國當中最具政治勢力的法定宗教。

也許你會好奇，君士坦丁如此保護和鼓勵基督教，那他自己是一個基督徒嗎？是的，君士坦丁確實是一個基督徒，只不過是到臨終前才受洗。世人並不清楚君士坦丁究竟是從什麼時候開始信奉基督教，但有這麼一個流傳甚廣的軼事，說是在西元三一二年「米爾維亞橋之役」的前一天晚上（君士坦丁就是經此一役成為帝國西部的皇帝），他看見一個火紅的十字架高高的劃過天空，還伴隨著這樣不可思議的字樣：「依靠這個十字架，你將大獲全勝。」隔天，君士坦丁果真大勝了對手。

於是第二年，君士坦丁就聯合李錫尼一起頒布了「米蘭敕令」。

君士坦丁是有史以來第一位信奉基督教的羅馬帝國皇帝。由於對基督教採取種種正向的措施，君士坦丁不僅在歐洲史上舉足輕重，就連在基督教教會史上也都是一位非常重要的關鍵性人物。最突出的一個事例是，為了解決基督教兩大教

《君士坦丁的洗禮》，拉斐爾的畫作。

派的爭端，君士坦丁在西元三二五年召開了「尼西亞會議」，這是基督教教會史上召開的第一次會議。君士坦丁積極參與了這項會議。後來會議通過了「尼西亞信經」，確定了「聖父、聖子、聖靈為三位一體的天主，地位平等」，以此來結束關於教義的論戰。日後「尼西亞信經」也成了正統的基督教學說。

西元三三七年五月，君士坦丁大帝過世，享年六十二歲。頗為諷刺的是，儘管君士坦丁生前禁止崇拜神化的皇帝，然而在他過世以後，羅馬元老院還是按照傳統把他尊奉為了神。

5 羅馬帝國走向衰亡的原因

有一句話大家應該都很耳熟能詳：「羅馬不是一天造成的。」意思是說，任何成功都不可能僥倖得到，都必須靠著長時間專心致志的努力。其實這句話還有下半，那就是：「羅馬的衰敗也不是一朝一夕所造成的。」

羅馬帝國在經歷了兩百年的盛世之後，究竟是如何走上衰敗？進而西部的西羅馬帝國在西元四七六年時覆滅？這一直是歷來學者熱衷討論的課題，尤其是到了近代，除了歷史領域的學者，還有不少社會學家、經濟學家、哲學家、心理學

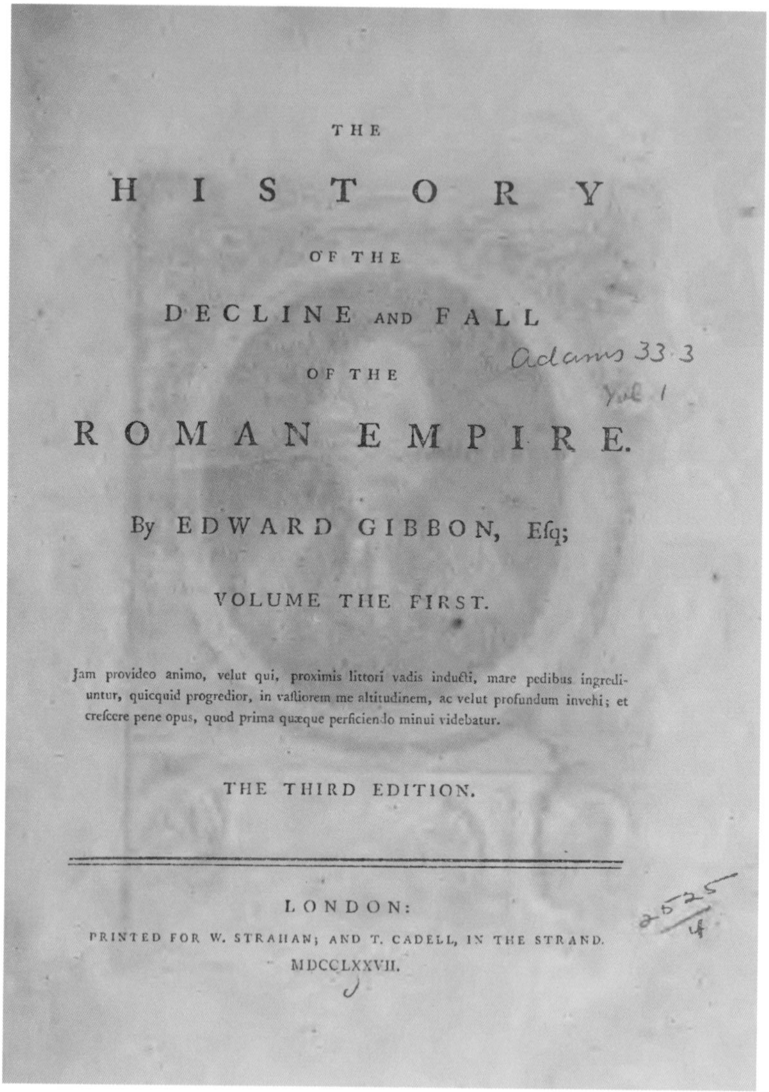

THE

HISTORY

OF THE

DECLINE AND FALL

OF THE

ROMAN EMPIRE.

By EDWARD GIBBON, Esq;

VOLUME THE FIRST.

Jam provideo animo, velut qui, proximis littori vadis inducti, mare pedibus ingrediuntur, quicquid progredior, in vastiorem me altitudinem, ac velut profundum invehi; et crescere pene opus, quod prima quæque perficiendo minui videbatur.

THE THIRD EDITION.

LONDON:

PRINTED FOR W. STRAHAN; AND T. CADELL, IN THE STRAND.

MDCCLXXVII.

吉朋所著《羅馬帝國衰亡史》一書的書名頁，1777 年所出的第三版。

家也紛紛參與其中，都希望能夠從羅馬帝國的衰敗過程中，找到一些足以做為殷鑒的寶貴經驗。

譬如十八世紀啟蒙時代的英國歷史學家吉朋（西元一七三七～一七九四年）的《羅馬帝國衰亡史》，以及現代美國俄裔學者羅斯托夫茲夫（西元一八七〇～一九五二年）的《羅馬帝國社會與經濟史》等等，都是在討論羅馬帝國何以走向衰亡的代表性作品。

學者們的意見各有不同。比方說，吉朋認為蠻族入侵和基督教的興起，是促使羅馬帝國走向衰亡的主因，但後來的英國歷史學家湯恩比（西元一八八九～一九七五年）卻認為，基督教的興起是羅馬帝國衰敗的結果而非原因。不過，學界還是有以下共識：

羅馬盛世時期帝位繼承的傳統受到破壞

「五賢君」時期最後一位奧理略皇帝雖然是一位賢君，但是他破壞了之前的養子繼承制度，將帝位傳給自己的兒子，結果造成了長時期政治上的混亂。後來戴克里先皇帝東方式的專制改革，人民在失去了政治權力之餘，自然而然也就逐漸失去了對政治的關心。

◆軍隊成為政爭的主力，不能再好好的履行保家衛國的責任

塞維魯王朝結束以後，軍隊擁兵自重，動不動就廢黜或擁立皇帝，這種現象不僅造成政局持續的動蕩不安，同時也直接導致軍心渙散。過去軍隊保家衛國的責任漸漸受到嚴重的忽視，再加上兵源不足，所以一旦發生像蠻族入侵這樣的變故，往往就很難應付。

此外，早期奧古斯都屋大維時代的軍人，都是以羅馬公民為主、再以來自文明地區的帝國居民為輔，這樣的傳統在「五賢君」哈德良皇帝時期已難以維持。由於兵源不足，從奧理略皇帝在位時期開始，就讓蠻族加入軍隊，因此，從西元三世紀以後，蠻族既是帝國的威脅，又是主要兵源，這實在諷刺。

◆經濟的失敗

從塞維魯王朝開始，逐漸形成一種惡性循環：首先，由於財政困難，使得民間的賦稅負擔日益沉重，結果導致很多不良現象，從而加重了國家財政的惡化。整個社會的不良現象很多，比方說：

●在羅馬盛世結束之後，接二連三的征戰和土地兼併，以及龐大的奴隸階級，嚴重破壞了小自耕農階級等問題。與此同時，在帝國各地的城市中，原本自由手工業者也都遭遇到不同程度來自奴隸勞動的競爭，並且普遍都無法與之抗衡。這麼一來，失去土地的農民和失業的城市貧民，不得不尋求新的出路，而他們的主要出路無非就是三種，第一，入伍從軍；第二，投靠大地主貴族成為附屬小農；第三，聚集於城市成為遊民，無所事事，仰賴政府和有錢人的救濟來過活，成為社會中不穩定的分子。

●歷時十六年的第二次布匿戰爭（西元前二一八～前二〇二年）時，迦太基將領漢尼拔率軍縱橫於義大利全境，

西元 166 年的錢幣，正面為奧理略頭像，反面則描繪他征戰安息（帕提亞）勝利，沒想到此戰凱旋竟帶回後來肆虐羅馬的瘟疫。

這件事嚴重破壞了義大利本土的農業生產與經濟活動，之後很長一段時間都無法完全恢復。從奧古斯都屋大維時代以來，義大利的人口增加率就有逐漸降低的趨勢，西元一六六年以後（「五賢君」中最後一位奧理略皇帝在位時期），瘟疫流行，死了很多人，又造成勞動力大量流失，這對於經濟發展自然也有很大的負面影響。而在羅馬帝國後期，眼看經濟不佳，諸多羅馬皇帝試圖重振經濟，但他們的方式卻只是千篇一律的加稅、保障稅源，甚至實行「世業政策」（職業世襲），把生產者全都固定在他們所負責生產的位置上。如此一來，自然造成了經濟活動的僵化。

● 「苛稅重徵」成了羅馬帝國後期的社會問題之一。更糟糕的是，因為帝國的仕宦階級享有豁免賦稅的特權，所以明明軍政費用的支出大幅增加，稅源卻相當有限，於是乎整體社會的經濟負擔便落到「僅存的稅源」、也就是少數人的身上。譬如在戴克里先皇帝時期，有一種加諸農業的徵稅新項目，叫做「歲調」，來徵收家畜、穀物、酒、油等等各類物品，這造成了農民極為沉重的負擔。

● 羅馬最初是從城邦起家，從城邦逐步發展成一個龐大的帝國，市邑原本是羅馬社會組織的基礎，也是地方行政、工商業經濟以及文化生活的中心。在帝國初期，雖然國家對地方早已需索甚多，但盛世時期政治的安定助長了商業的興盛，城市的繁榮使得社會經濟危機得以緩解，可是在進入西元第三世紀以後，由於經濟惡化，城市逐漸式微，而一旦城市式微的趨勢無法挽救時，整個帝國各個層面的經濟活動，乃至於國力也就更加衰敗。

這樣的現象，在帝國西部的城市更為顯著，因為相較之下，帝國東部的城市在被納入羅馬帝國版圖之前大多都已存在，無論是文化或是經濟上的基礎都比較扎實，日後才有本錢經得起那麼多的大風大浪；但帝國西部的城市則大多都是帝國擴張時期的產物，因此當帝國內部出現了什麼問題、上層統治階層出現了什麼危機，這些新興城市就會立刻受到連帶影響，當帝國走向衰敗以後，這些城市也馬上就呈現頹勢，最後在西元第五世紀的大難中（也就是西羅馬帝國滅亡之時），這些西部城市幾乎都無一倖免，難以自救。

● 舊社會制度瓦解。如前所述，由於帝國的仕宦階級免受課稅之苦，在帝國社會逐漸走向解體的過程中，不僅失去土地的農民和城市裡的貧民會投靠他們，許多中小地主也會依附他們，就連城市裡的中產階級也會向他們尋求保護，久而久之，當帝國中央窮於應付蠻族入侵而無暇顧及地方行政以後，為了維持大局的穩定，中央政府不得不承認這些仕宦階級在地方上的權力和地位，讓他們成為一種地主貴族階級。這樣又經過一段時間的發展，這些新興的地主貴族階級也開始大模大樣的向屬於自己勢力範圍之內的老百姓徵收賦稅、役使老百姓從事公共勞動、審判次要的法律案件並徵收罰款，甚至擁有了私人武力，後世學者稱之為「大領地制度」。

大領地制度不但漸漸取代了過去的舊田莊制度，也取代了原有的地方市邑制度，使帝國整體的社會形態又逆轉到地方自足的態勢，對於帝國國力亦是一大打擊。

文化的衰微

由於帝國國力不振，文化自然也就走向了衰微，就像如果國家強盛，勢必就會帶來文化的昌盛一樣。比方說，帝國後期的美學乏善可陳，就連君士坦丁大帝要興建建築的時候，工匠們竟然必須拆卸前人精采的作品來裝飾拱門；教育漸漸淪為一種非常表面、只是關於修辭學的訓練，內容則十分空洞；還有就是帝國後期的文學和史學，都不能達到之前盛世時期的成就。

不過，帝國後期的拉丁文學雖然原創性不足，比較出色的作品幾乎都是整理性的編撰類作品，這些作品在當時或許被認為價值不高，可是等到日後歐洲進入中世紀以後卻被做為教材，無意之中促使拉丁學術得以一脈相傳下去，也算是一椿功德。

還有就是在帝國後期、大約西元第三世紀中葉，產生了一派新的哲學思想，叫做「新柏拉圖學派」，大有取代斯多噶學派之勢。「新柏拉圖學派」原本是以柏拉圖的觀念來討論哲學，但很快便淪為一種迷信的說教，由此也可見帝國後期在精神文化上的貧瘠。

而既然帝國自身的文化不夠強大，自然就無法阻止外來思想文化的傳播，因此到了西元第四世紀中葉，早期備受打壓的基督教終於獲得最後的勝利，在帝國西部還沒有到最後崩潰之際，羅馬文明就已開始過渡為基督教文明了。

第四章　基督教文明

基督教源自猶太文明，而在羅馬文明中生長茁壯，然後從初期不斷被集體迫害到成為羅馬帝國的國教，最終取代了羅馬文明，創造政教合一的基督教文明。但同時，一股反世俗化的清修運動也自然而然的崛起……

對西方文明來說，基督教文明實在是太重要了。本章我們將從基督教的組織開始介紹，再介紹基督教如何傳播、如何從頻頻遭到迫害最終竟成為羅馬帝國的國教。另外，我們還要講述基督教在終於獲得合法地位之後，在政教合一的影響之下，又是如何走向分化等一系列重要的現象。

1 基督教的組織與傳播

基督教可以說是整個羅馬帝國的社會產物，最早可能源自猶太人。西元前六世紀末（西元前五八六年），猶太王國亡於新巴比倫王國，耶路撒冷全城的猶太人都淪為俘虜，大部分都被強迫遷至新巴比倫王國的都城巴比倫，史稱「巴比倫之囚」。（這段歷史我們在卷一《世界史的序幕》中曾經提及。）

直到近半個世紀之後，波斯帝國的居魯士大帝（約西元前五九〇～前五二九年）擊敗了新巴比倫王國後，允許被囚禁在巴比倫的猶太人回到耶路撒冷。後來猶太人又歷經**塞流卡斯王朝**、埃及等統治，然後被羅馬所征服。

塞流卡斯王朝——亞歷山大大帝（西元前三五六～前三二三年）一過世，他所建立的帝國立刻分裂。在「繼承者戰爭」中，亞歷山大過去的部將塞流卡斯取得波斯、美索不達米亞和敘利亞，建立塞流卡斯王朝，國祚延續了兩百四十八年（西元前三一二～前六四年）。

學界普遍認為基督教最早源自猶太人，主要依據是因為基督教奉行「一神」的觀念，和猶太教「一神論」的理念相同。

大多數的古代社會都流行多神信仰，唯有猶太人始終堅守他們的一神信仰。猶太人深信耶和華是唯一的神，祂既是世界的創造者，也是宇宙的統治者；歷來有許多希伯來先知總是一方面要大家相信自己罪孽深重，另一方面告訴大家可以犧牲來贖罪，所以大家都需要一位贖罪者；他們也相信救世主一定會降臨……

學者普遍認為，猶太人即使亡國，民族的命脈卻仍然能夠延續，不能不說是一個奇蹟，這主要就是得益於他們的宗教；他們的宗教能夠給人一種堅強的信念。靠著這樣的宗教信仰，才能成功的把散居世界各地的猶太人始終牢牢的聯繫在一起。

耶穌的遭遇，在他的信徒看來，正是以往這些希伯來先知諸多預言的應驗。他們相信耶穌就是救世主，耶穌被釘死在十字架上是為了世人而捨身，以此來救贖世人，使大家得以與神重歸於好，進而能再次從神那兒獲得恩寵，並且可望死後能在

大衛之星，這是猶太教的標誌。

《耶穌的一生》，出自義大利聖瑪麗亞感恩教堂的壁畫。

彼世獲享永生。

不過，耶穌的傳教也不是每一個猶太人都能接受，因為耶穌曾經批評古猶太教中某一派信徒偽善、形式主義等等，也直言指責過宗教風氣的敗壞，再加上耶穌傳教時不避罪人，又不重視猶太人的傳統，譬如告訴大家在「安息日」（一個禮拜的最後一天，也就是禮拜六）不可以做事等等。所以不少猶太人會認為耶穌的言論驚世駭俗、褻瀆上帝，而羅馬人又認為他有從事政治煽動之嫌。

耶穌曾經明白表示，自己祝福的是那些甘心貧窮的人、哀慟的人、柔順的人、饑渴慕義的人、會憐恤他人的人、清心的人、與人和睦的人，以及為義受迫害的人……基督教的信仰，最早先流傳於羅馬下層社會，特別是窮人當中，再漸漸擴及社會上其他的階層，譬如那些中產階級和知識分子，到後來甚至就連上層社會也慢慢有不少人都受到了感染。

耶穌人格高尚，慢慢有了一些追隨者，但他傳教僅僅三年左右就死了。最後逮捕耶穌、要求把耶穌處死的，是猶太教的司祭長和民間長老。在耶穌死後，基督教徒最初局限在猶太人的世界裡，直到使徒保羅才擴大了基督教信仰的群眾基礎，使基督教不再只是猶太人的宗教，也「給外邦人開了信道的門」。過去猶太人因為對於神（也就是上帝）信仰虔誠，堅信只有自己（只有猶太人）是「選民」，聖保羅卻將「選民」的概念擴大到「一切信仰主的人」，這是後來基督教能成為世界性宗教的重要關鍵。

到了西元第三世紀中葉，有組織的基督教團體幾乎已遍布羅馬帝國境內的所有城市。基督教之所以能夠不斷茁壯，即使歷經兩百多年的打壓也沒有被消滅，一般認為主要是基於以下幾個因素：

● 耶穌個人的強烈感召力：耶穌的原始信徒都深深受到他的人格感化，親眼看到耶穌是如何從容殉教，以自我犧牲來救贖世人，他們都大為動容和感佩，於是由衷相信耶穌是神之子，相信耶穌會死而復

使徒保羅的傳道，17 世紀的畫作。

活，耶穌的死只是先回到天上，將來一定會再度來到世間，建立神的王國。這些信念是如此堅不可摧，被信徒們一代一代的傳下去，相較之下，無論是希臘羅馬的神祇、或是遙遠東方的神祇，似乎都顯得太過虛無縹緲，而不易產生強大的力量。

●殉難教徒所發揮的感人力量：就拿最初期耶穌的十二門徒來說，後來除了約翰是老死，以及出賣耶穌的猶大是自殺之外，其他門徒都是殉難而死。然而，羅馬帝國愈是打壓基督教，殉難的基督徒反而愈多；打壓基督教不能產生嚇阻作用，相反的基督徒們愈挫愈勇，前仆後繼，用他們寶貴的生命打動了成千上萬的人。

●羅馬帝國敗象漸露：基督教開始盛行是在西元三世紀，當時羅馬帝國的盛世已過，已開始

使徒保羅在最後一次造訪耶路薩冷時被捕，圖出自 19 世紀初的聖經插圖。

逐漸露出敗像，老百姓身處其中，很容易就會心生沮喪和鬱悶，各種迷茫和彷徨更是隨之而來，不知該如何調適。有學者形容這是一個「喪失希望和缺乏確信的時代」，然而在這樣的時代當中，基督徒卻總是滿懷希望、充滿確信（無論是對於自己在現世將受到的考驗，或者是來生將獲得的幸福），因此教會自然而然日益茁壯。學者普遍認為「基督教是整個羅馬帝國的社會產物」，也就是說，當羅馬帝國慢慢走向衰敗的時候，基督教的力量就愈來愈大。

隨著基督教的傳播與發展，他們的組織也日趨縝密。

基督徒的團體稱為「教會」，由於耶穌是在耶路撒冷殉難，所以耶穌在耶路撒冷的原始信徒團體，就成了原始的教會。

當基督教開始在羅馬帝國四處傳播時，初期的教會幾乎都在城市裡。這是因為猶太人大多住在城市裡，所以從最初耶穌十二門徒時期就是以城市做為傳教的重點。

教會內部有一個教士團體，與一般的信徒（也就是「俗人」）做為區別。教士由當地教會的全體信徒所選舉，在初期，教士主要分為三個等級；他們每到一個城市，就會先訓練一批人員，然後冊立其中一人為「主教」，來負責主持其事，理論上主教就是耶穌原始信徒或所謂使徒的繼承人，主教有兩個重要的左膀右臂，在宗教事務上協助主教的叫做「司鐸」或稱「神父」，在行政事務和社會工作方面協助主教的則叫做「助祭」。

此外，主教的管轄區域稱為「主教區」，下面有教堂，稱為「堂區」，這是基督教組織的基本單位。如果對應到羅馬帝國的行政單位來看，每一個主教區其實就是相當於帝國早期的市邑。

西元第二世紀，在各地原來分立的教會之間開始進行整合，到了第三世紀中葉以後，有的教會在某些特定區域成為領袖，乃至成為主管的教會，最典型的一個例子就是羅馬，因為羅馬城在義大利半島中很重要（無論是從文化或是帝國行政體系來說，羅馬城都擁有特殊的意義），因此羅馬主教在整個義大利半島中自然也就居領袖地位。

使徒保羅殉道。

其他極為類似的例子，還有亞歷山大港主教之於埃及、迦太基主教之於北非等等，都是由比較重要城市的主教來成為一個特定區域（譬如埃及、北非）的領袖地位。

到了西元第四世紀，基督教在羅馬帝國獲得合法的地位、最後甚至成為帝國的國教以後，教會的組織就與帝國行政系統的組織日益緊密的配合，比方說，省會的主教成為行省主教的首長，被稱為「總主教」；而在帝國東部，一些特別具有歷史意義的教會，譬如亞歷山大港的主教則更高出一般行省的總主教，被尊稱為「教長」；在帝國西部，羅馬教會的領袖地位那就更是毋庸置疑，因此羅馬教會的主教被尊奉為「教宗」。

2 基督教在羅馬帝國的勝利

基督教創始於西元一世紀。在二世紀以前，基督教信仰已在帝國東方各省廣泛流行，這時，羅馬帝國對於如何處理基督徒還沒有形成一套既定的方針。

基督教以及基督徒是從什麼時候開始受到大規模的迫害？歷史上最早的記載是見於儒勒王朝最後一位皇帝尼祿的時代，據說尼祿皇帝是要為發生在西元六四年的一場羅馬大火找替罪羊，以此來杜絕坊間懷疑這場大火是跟自己有關的流言，許多基督徒就這樣莫名其妙被安上一個縱火犯的罪名，然後紛紛被殘忍的處死。

從尼祿皇帝的時代開始，一直到西元三一三年君士坦丁大帝和李錫尼一起頒布「米蘭敕令」為止，在這段長達兩百五十年之久的歲月裡，基督徒幾乎都飽受迫害。即使是在西元二、三世紀，基督教發展得很快的時候，基督徒也還是免不了會經常受到迫害。

羅馬帝國為什麼要迫害基督徒？主要是因為基督教的教義與帝國利益有著先天上無法調和的矛盾。

為了維持羅馬帝國大一統的形象，並加強人民對於帝國的向心力，帝國一直是「神化皇帝」，而在羅馬帝國逐漸出現頹勢以後，就更加重視神化皇帝的做法，這就像當一個國家不如以往強大時，對於文化上的自信就會不足，因而就很容易採取保守和緊縮的政策一樣，而對於羅馬帝國內的其他宗教來說，他們原本就是多神信仰，神化皇帝所帶來的實質影響不過就是多一位神而已，與他們的信仰並沒有什麼牴觸，可基督教是一種一神教的信仰，只承認一位唯一的神，因此，這就明顯損及到帝國的利益。

再加上猶太人十分堅持一神信仰，甚至願意不惜用生命來捍衛。早在耶穌以

西元 64 年羅馬大火，起火原因不詳，但尼祿確實對基督徒有迫害之舉。

前大約兩百年，塞流卡斯王朝有一位君主曾經下令猶太人要奉他為神，並強迫猶太人崇拜希臘羅馬的諸多神祇，結果遭到猶太人的拒絕。猶太人曾為此舉兵反抗，甚至一度取得勝仗，當時猶太人都認為這是上帝的保佑。

總之，正是因為猶太人不接受羅馬帝國的宗教，也拒絕崇拜羅馬皇帝為神，與帝國利益產生了嚴重的衝突，這就註定了早期基督徒頻頻遭到迫害的命運。

前面說到，在尼祿皇帝以後，基督教和基督徒受到羅馬帝國迫害的時間幾乎長達兩個半世紀，這當然是一個粗略的說法，實際上在接替儒勒王朝的弗拉維安王朝時期，以及弗拉維安王朝之後的「五賢君」時期，迫害基督徒的情況比較緩和。

就以「五賢君」時期來看，這是羅馬盛世時期最後一個階段，五位皇帝對待基督徒的態度和做法就有很大的不同。

比方說，「五賢君」中的第二位，圖拉真皇帝時期（西元九八～一一七年在位），貝塞尼亞（位於小亞細亞西北部，今土耳其境內）總督曾經上疏皇帝，請示該如何處理基督徒的問題。這位總督建議不妨採取比較寬大的處理，讓這些基督徒有自新的機會，圖拉真皇帝對於總督的意見相當贊同，遂指示總督不必為這個問題訂下一個普遍的原則，更不必去積極搜捕基督徒，如果有人被檢舉是基督徒，要先經過客觀的調查，不要輕易定罪，若調查屬實就處罰。若經檢舉的疑犯否認自己是基督徒，並且能夠提出自己崇拜羅馬帝國神祇的證明，那就應該不予追究。

圖拉真皇帝之後繼位的哈德良皇帝（在位時間為西元一一七～一三八年），也主張以寬大為原則來處理基督徒，不僅不鼓勵密告基督徒的風氣，同時任何被檢舉的基督徒疑犯，只要否認自己是基督徒，而且能夠證明自己有向羅馬神祇獻祭的行為，就不再追究。

在「五賢君」中迫害基督徒比較嚴重的是最後一位皇帝，也就是哲學家皇帝奧理略（在位時間是西元一六一～一八〇年），奧理略皇帝被後世推崇為羅馬帝國歷史上最偉大的皇帝之一，可是當他在位時期，小亞細亞與高盧地區的基督徒都受到迫害，這是因為當帝國開始走向衰敗，對於任何有可能會危及到帝國利益的事，都必然會採取比較激烈的處置。

因此，到了西元三世紀時，羅馬帝國岌岌可危，對基督徒的迫害自然也就更大。譬如開創「四帝共治」體制的戴克里先皇帝，他在著手進行一系列改革、希望力挽狂瀾之餘，即使他的妻子和女兒都是基督徒，可他對基督徒的處置還是非常嚴厲。

戴克里先在位時間為西元二八四至三〇五年，在他之後迫害基督徒力道最大的是蓋勒理烏斯皇帝（在位時間為西元三〇五～三一一年）。

蓋勒理烏斯家境貧寒，曾經以牧牛為業，入伍之後表現不俗，戴克里先皇帝是他的貴人；他先被戴克里先皇帝提拔為高級指揮官，之後又被提拔為凱撒和奧古斯都。

蓋勒理烏斯是「四帝共治」體制的堅決維護者，他的行事作風非常強硬。蓋勒理烏斯在位六年期間，對基督徒的迫害極嚴重，被殺的教徒人數遠超過以往任何一個時期。可以說打從蓋勒理烏斯上臺那一天開始，對基督徒的迫害就沒有停過；在帝國西部全境，這樣的迫害進行至西元三〇六年，而在帝國東部，迫害基督的時間更久，尤其是在小亞細亞，一直持續至西元三一一年才告平息。

蓋勒理烏斯享年五十一歲左右。在他人生最後一年當中，因罹患惡疾，整個人被病魔折磨得不成人形，不少基督徒史學家把蓋勒理烏斯末日將至的最後一年時光描述得極為悲慘，包括形容蓋勒理烏斯「從裡到外都被蛆蟲吞噬」，人還沒死就已經開始腐爛；不少醫生在為蓋勒理烏斯看診時因為受不了惡臭，轉過臉去嘔吐，結果都因此被殺；蓋勒理烏斯的身體因病勢加重而完全走樣，到後來上半身骨瘦如柴，下半身看起來卻像「一個布丁」，雙腳也嚴重變形……

後世學者推測蓋勒理烏斯很有可能是得了睪丸癌，只是在一千七百年前的醫學沒有辦法給予有效的治療。最後，在西元三一一年五月，當蓋勒理烏斯意識到自己即將走到人生的盡頭時，他絕望的呼喊：「上帝果然是存在的！」於是，他取消了所有針對基督徒的懲罰敕令，停止一切對於基督徒的迫害，並且還在臨終之際信奉了基督教。

不用說，就連蓋勒理烏斯自己都認為他之所以會罹患如此恐怖痛苦的惡疾，都是因為大力迫害基督徒而得到的報應。

幾天之後，蓋勒理烏斯就病逝了。

從西元一世紀基督教創立以來，每次一發生基督徒被迫害的事件之後，雖然都會得到短暫的壓制效果，基督徒人數因此減少，但過沒多久，不僅一度背離基督教的教徒會再度回歸，甚至還會有更多的人加入，因為那些受迫害的殉教者都用自己寶貴的生命打動了更多的人，結果實際上的情況就是基督教愈受到打壓就愈是茁壯，每一次的迫害行動反而都會促使更多的人來信仰基督教。

蓋勒理烏斯過世之後兩年，君士坦丁大帝就和李錫尼一起頒布了著名的《米蘭敕令》，給予基督教在帝國境內的合法地位，從此不僅基督教與羅馬帝國的國教享有同等的自由，基督教徒也和其他公民一樣享有同樣受法律保障的權力。

從早期備受打壓，一直到君士坦丁大帝承認基督教在帝國境內的合法地位，到這個時候，照說基督教已經取得了之前很多人都不敢想象的重大勝利，然而事實上他們的勝利還遠遠不止於此；西元三九三年，當君士坦丁大帝過世半個世紀左右，狄奧多西一世（約西元三四六～三九五年，或稱「狄奧多西大帝」）頒下詔令，獨尊基督教為國教，並禁止一切的異教。基督教至此獲得完全的勝利。

狄奧多西一世是羅馬帝國狄奧多西王朝第一位皇帝，也是古典時代晚期至中世紀這段過渡時期中，羅馬帝國著名的君主。

他出生於今西班牙塞哥維亞的一個基督徒家庭，年紀輕輕就隨父親從軍。在他大約二十二歲的時候，和父親一起在不列顛尼亞討平一場叛亂，這場叛亂的起因是蠻族入侵以及部分駐守哈德良長城的士兵叛變。叛亂平定之後，父子聯手在當地進行了一系列的軍政改革。狄奧多西一世表現得很不錯，大約在二十八歲這一年（西元三七四年）就已成為一個高階軍事長官。然而沒想到翌年卻大禍臨頭，先是由於狄奧多西一世的軍隊遭蠻族擊敗，他因此被皇帝剝奪了指揮權，繼而父親又因為冒犯了皇帝而被殺，狄奧多西一世隨即返回出生地，沉潛了五年。直到西元三七九年、在他三十三歲左右，被皇帝格拉提安（西元三五九～三八三年）任命為共治皇帝，統治羅馬帝國東部地區。後來經過一連串的征戰，從西元三九二年起，時年四十六歲左右的狄奧多西一世開始統治整個羅馬帝國。他是最後一位統治統一的羅馬帝國的皇帝。

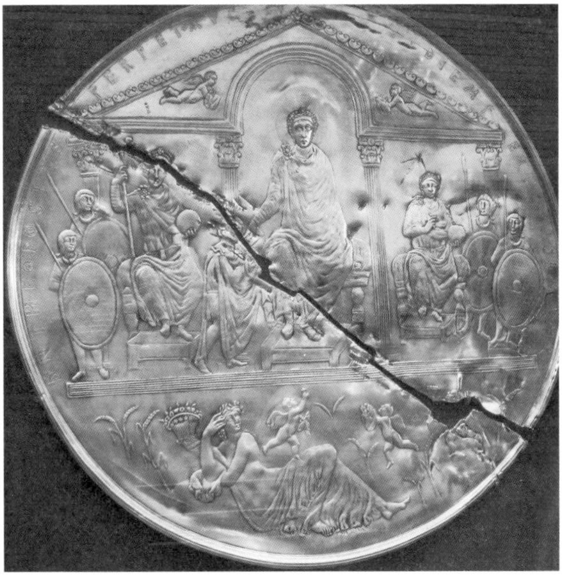

刻有狄奧多西一世（坐於中心大位）的銀盤複製品。

翌年，狄奧多西一世頒布「薩洛尼卡敕令」，宣布基督教為國教，同時還認定古奧運會有違基督教的教義，是異教徒的活動，下令廢止（卷一《世界史的序幕》講到奧林匹克運動會的起源時曾經提及）。

西元三九五年，狄奧多西一世過世，享年大約四十九歲。

3 教會的分化和三位「拉丁教會之父」

基督教在受到君士坦丁大帝的支持與保護、進而終於合法之後，固然基督徒從此不必再擔心會受到任何迫害，但君士坦丁此舉也製造了一些「後遺症」，對於基督教接下來的發展產生了莫大的影響，最主要的問題就是帶來了政教關係的困擾。

過去教會因為被摒棄在法律之外，帝國政府與教會之間的關係似乎只有迫害，帝國政府對於教會其他事務通通漠不關心，然而，在包括君士坦丁大帝在內的諸多羅馬皇帝紛紛成為基督徒以後，政教關係就產生了變化。首先，這些皇帝能否像一般基督徒那樣服從教會的領導，就很令人懷疑，其次，當眼見教會內部出現一些矛盾時，這些皇帝會不會袖手旁觀？還是以一個國家至尊的君主地位出手干預，甚至試圖左右教會的政策？如果皇帝對於教會內部的意見分歧有所行動，那不就是以政治的力量來干涉宗教事務了嗎？

像這樣政教關係的困擾，在往後漫長的歲月中一直在西方歷史不斷的發生，只不過因時代的不同，有時緩和有時激烈。

也就是說，當基督教在西元第四世紀末獲得合法地位的同時，就再也無法避免來自皇帝的干涉，這麼一來，教會自然就無法再像從前那樣的獨立。

後來帝國西部雖然因為中央政府權力的解體，而使得羅馬教會也趁機恢復獨立的地位，但是在帝國東部，之後在很長很長一段時間內，教會都形同帝國政府的一部分，成為一個日漸僵化、附庸於專制權力的組織。

除了干涉教會內部事務，有時羅馬帝國皇帝還會干預教義的解釋。

在基督教草創時期，沒有什麼教義紛爭，基督徒所信仰和傳布的都是有關耶穌的高尚人格，以及他所留給世人的諸多教訓，等到時間慢慢過去，基督教愈傳愈廣，信徒愈來愈多，漸漸就出現一些關於教義見解的歧義。其實這本來也是一種很自然的現象，可是當帝國皇帝出手干預之後，情況就很不一樣了。

君士坦丁與出席尼西亞會議的主教們揭示《尼西亞信經》。

君士坦丁大帝於西元三二五年召開「尼西亞會議」以解決教義紛爭，就是一個典型的例子，這不僅是基督教會史上第一次會議，還是由皇帝召開且積極參與，自然意義非凡。

後世學者推測，君士坦丁大帝應該並不是很了解關於這些教義的紛爭，也不太明白這些神學家究竟在爭辯些什麼，他只是基於一個皇帝的職責，不希望看到教會因為所持的教義不同而分裂。因為，如果教會分裂就有可能會連帶不利於帝國的統一，所以君士坦丁大帝才認為有必要出面召開會議，致力要將兩派神學家之間觀點不同的的爭論，做一個強制性的解決。

也就是說，教義的一致性不僅會影響到教會是否統一，還會影響到帝國的穩定；這就不只是宗教問題，而早已上升為政治問題。後來，尼西亞會議通過了《尼西亞信經》，主張耶穌兼具完全的神性和人性，也確定了「聖父、聖子、聖靈為三位一體的天主，地位平等」。日後《尼西亞信經》一直為大部分基督教會所接受，被視為正統的基督教學說。

後來，像君士坦丁大帝這樣，以世俗政治權力來干預教會事務的事情不斷發生。相較之下，東部的教會（君士坦丁堡教會）因為和帝國政府都在同一個城市，皇權自始就牢牢控制了教會，形成了「政教合一」的體制，而在西部，到西元第五世紀中葉，因為蠻族持續入侵，皇權又大不如前，教會遂奉羅馬主教為首，迅速發展了自己的獨立組織和自主權力，然後在接下去很長一段時間裡，羅馬主教就一直在西部維持一個統一的局勢。

也就是說，東西教會逐漸開始分化。東部教會稱為希臘教會，或希臘東正教會；西部教會則稱為拉丁教會或羅馬天主教會。

自成系統的拉丁教會，有三位重要人物對於教會的發展貢獻巨大，共同被稱之為「拉丁教會之父」，分別是：

聖安布羅斯

聖安布羅斯（西元三四〇～三九七年）出生於羅馬皇帝近衛隊隊長家庭，在羅馬成長，擁有卓越的行政才能，曾經擔任過帝國行省的總督，在三十四歲那年成為米蘭主教，是當時西方教會最有影響力的領導人物之一。

在擔任米蘭大主教的二十三年期間（西元三七四～三九七年），聖安布羅斯

聖安布羅斯雕像（左）與彩繪玻璃（右）。

仿效東方長老們的做法，在教會裡建立起隆重且細緻的各種禮儀，包括教曆上每個節日該唱什麼歌曲都有規定，還在既有的應答式詩篇誦唱讚美詩，首開西方教會音樂發展的先河，因此被譽為「西方教會音樂之父」。

而在政治上，聖安布羅斯主張教會應該獨立於國家之外，國家的行政權力並不高於教會，反而在某些事務上必須服從教會。

關於這些主張，聖安布羅斯不是說說而已，而是身體力行。西元三九〇年，狄奧多西皇帝在平定一次叛亂之後來到米蘭，聖安布羅斯不僅嚴詞譴責皇帝在平定叛亂中所表現出來的殘酷，也堅持皇帝在沒有對自己所作所為表示悔罪之前，他拒絕為皇帝舉行聖禮。

聖傑羅姆

聖傑羅姆（約西元三四〇～四二〇年）與聖安布羅斯大約在同一年出生，他在二十六歲時入基督教，是一位了不起的語言學家，一生致力於神學和《聖經》的研究，最卓越的貢獻便是投入了二十年的心力，根據希伯來和希臘原文的版本，用拉丁文重新翻譯《聖經》，這就是日後對中世紀神學有很大影響的《通俗拉丁文聖經譯本》，十六世紀中葉被特蘭托公會議定為天主教法定版本。

除了翻譯《聖經》，聖傑羅姆也喜歡雲遊四方，足跡遍布羅馬帝國。到了晚年，他定居在耶穌的出生地伯利恆，過著苦修隱居的生活，長達三十四年之久。

四處雲遊的聖傑羅姆。

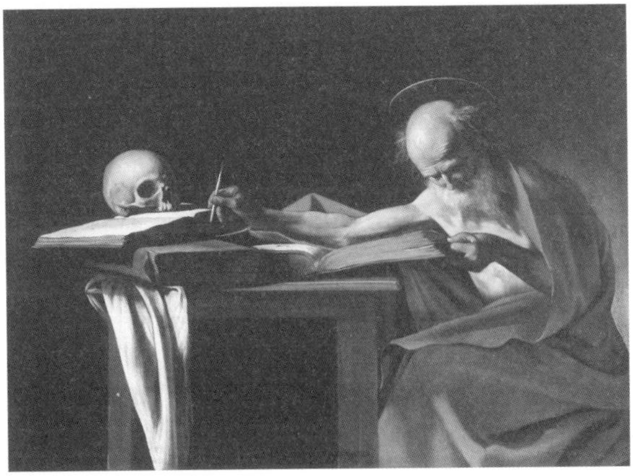

書寫聖經的聖傑羅姆。

聖奧古斯丁在希波的一生。

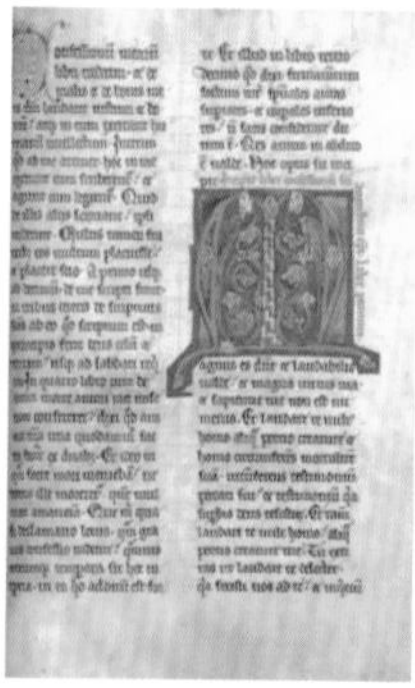

聖奧古斯丁所著《懺悔錄》。

聖奧古斯丁

在聖奧古斯丁（西元三五四～四三〇年）的時代，羅馬帝國已經步入衰敗，他是這一時期最偉大的神學家。聖奧古斯丁的著作非常豐富，堪稱神學的百科全書，成為後來基督教教義的基礎，不僅對西部教會的影響最深，也影響東部教會。

聖奧古斯丁出生在北非，母親是虔誠的基督徒，但因父親是異教徒，所以他在出生的時候並沒有受洗禮。少年時期他被送去迦太基學習，表現出不凡的聰明才智。在他十九歲那年，因為讀了古羅馬政治家和哲學家西塞羅的著作，大受觸動，決定要學習哲學，不久便信奉摩尼教（約創立於西元二四〇年），並且花了近十年的時間鑽研摩尼教，然而結果卻令他非常失望。聖奧古斯丁認為摩尼教教義不能解答自己許多的疑惑。

二十九歲那年，聖奧古斯丁來到羅馬，稍後又來到米蘭，成為一位修辭學教授，與此同時也開始接觸新柏拉圖主義，並且從聆聽當時米蘭主教的講道中，慢慢了解基督教，進而成為一名基督徒。

三十七歲時，聖奧古斯丁前往北非的希波城成為主教助理。五年後，主教過世，聖奧古斯丁繼任，此後三十幾年他就一直沒有離開過這座城市，一直住到西

聖奧古斯丁改信基督教。

元四三〇年過世為止，享年七十六歲。希波雖然是一個並不出名的城市，可是聖奧古斯丁的輝煌成就讓他成為一位備受景仰的宗教領袖，因此後世也喜歡將他稱之為「希波的奧古斯丁」。

聖奧古斯丁在希波做了很多事，包括創建了北非這一帶第一所修道院；積極投入救濟貧弱、宣講福音等事業；為了解決北非教會的各種爭端，還不辭辛勞，到處召開宗教會議……當然，他還努力寫作，一生中著作超過一百冊，其中像《懺悔錄》、《論上帝之城》、《論三位一體》等等，都是很有影響力的作品。

聖奧古斯丁對基督教神學有極大的貢獻，譬如「信仰使人看見真理，理智使人更多的了解真理」；「如果要明白，就應當相信」、「每個人都可以選擇行善，也可選擇作惡」；「所有人都有像亞當那樣的罪過，所以人類不可能通過自身的努力和辛勤的工作而獲得拯救，必須依靠上帝」；以及「上帝已經知道誰能夠或者不能夠受到拯救」等宿命論的觀點，都是聖奧古斯丁很有代表性的主張。

此外，關於基督教教義的一些爭議，也因為聖奧古斯丁而大致都獲得澄清。他結合了基督神學與希臘、羅馬的哲學，尤其是新柏拉圖學說，深入清晰的闡揚了基督教教義。自聖奧古斯丁以後，這些被視為正統的教義，包括「上帝存在於每一個靈魂之中」、「上帝會揀選一些人得救」、「如果不參加教會也不接受聖禮，就不能蒙主救恩，因為上帝是透過教會來施恩寵」等等，雖然有時仍會受到挑戰，但在十六世紀以前，大致沒有再碰到過嚴重的威脅。

4 羅馬主教地位的興起

在基督教會的歷史中，西元第五世紀中最值得記上一筆的，就是羅馬主教地位的興起。此後羅馬主教不僅成了拉丁教會的元首，在拉丁教會中享有至尊的地位，一如羅馬皇帝在羅馬帝國中的地位一樣，而且當帝國的行政系統無法良好運轉時，羅馬主教還成了羅馬城裡頭最有勢力的人物，維持著國家的穩定。

進入西元第五世紀以後，帝國西部因頻頻遭到蠻族入侵，局勢日趨惡化，各地的行政組織都面臨解體，於是各地主教自然而然比過去要承擔更多社會責任，於此同時也就掌握比過去更多的權力。在很多城邑，主教甚至直接取代了官吏的位置，來執行包括司法在內的各種行政職務，以便保護動亂之下大批無助困苦的老百姓。

在這樣的情況之下，可想而知，各地主教也需要一位領袖來帶領他們，一方面提供關於執行各種行政事務的意見、給出一些準則和規範，另一方面也可以給予大家精神上強有力的支持，把大家緊密團結在一起。如此一來，羅馬主教就成了眾望所歸、當仁不讓的領袖。

探究羅馬主教的興起，大致有以下幾個原因：

● 我們在本章第一節「基督教的組織與傳播」中已經提過，從西元第二世紀開始，帝國各地很多原來各自分立的教會慢慢進行整合，這樣經過一百多年的發展，到了第三世紀中葉以後，有的教會在某些特定區域中成為層級最高的教會。最典型的一個例子，就是由於羅馬是帝國的首都，無論是從文化或是帝國的行政體系來看，羅馬城在帝國中的地位都很重要、具有特殊的意義，所以羅馬主教在整個義大利半島中自然也就居領袖地位。

● 西元六四年尼祿皇帝大規模迫害基督徒，在羅馬處死了很多基督徒，由於殉教者眾，何況裡頭還有不少像被視為使徒之長的使徒保羅、以及**聖伯多祿**這樣著名的人物，這不僅為羅馬這個城市增添了無比悲壯的色彩，連帶也使得羅馬教會的宗教地位更為崇高。

聖伯多祿——（西元一～六七年左右），也就是大家熟知的聖彼得，他是耶穌十二門徒之一，早期基督教領袖人物之一，原先以捕魚為生，後來跟從了耶穌基督，開始積極廣傳福音。當尼祿皇帝展開對基督徒的迫害時，六十多歲的彼得一開始是聽從身邊許多基督徒的建議，趕緊隻身逃離羅馬。傳說在逃出羅馬以後，彼得在半途遠遠的看到一個人迎面走來，定睛一看，原來是主耶穌基督！彼得大驚，忙問：「主啊，你要到哪裡去？」耶穌說，彼得，你離棄了我的羊（「羊」是比喻信徒），現在我要為此到羅馬去，再釘一次十字架！彼得聽了，非常慚愧，當場捶胸頓足，大哭不止，然後便改變主意，即刻回

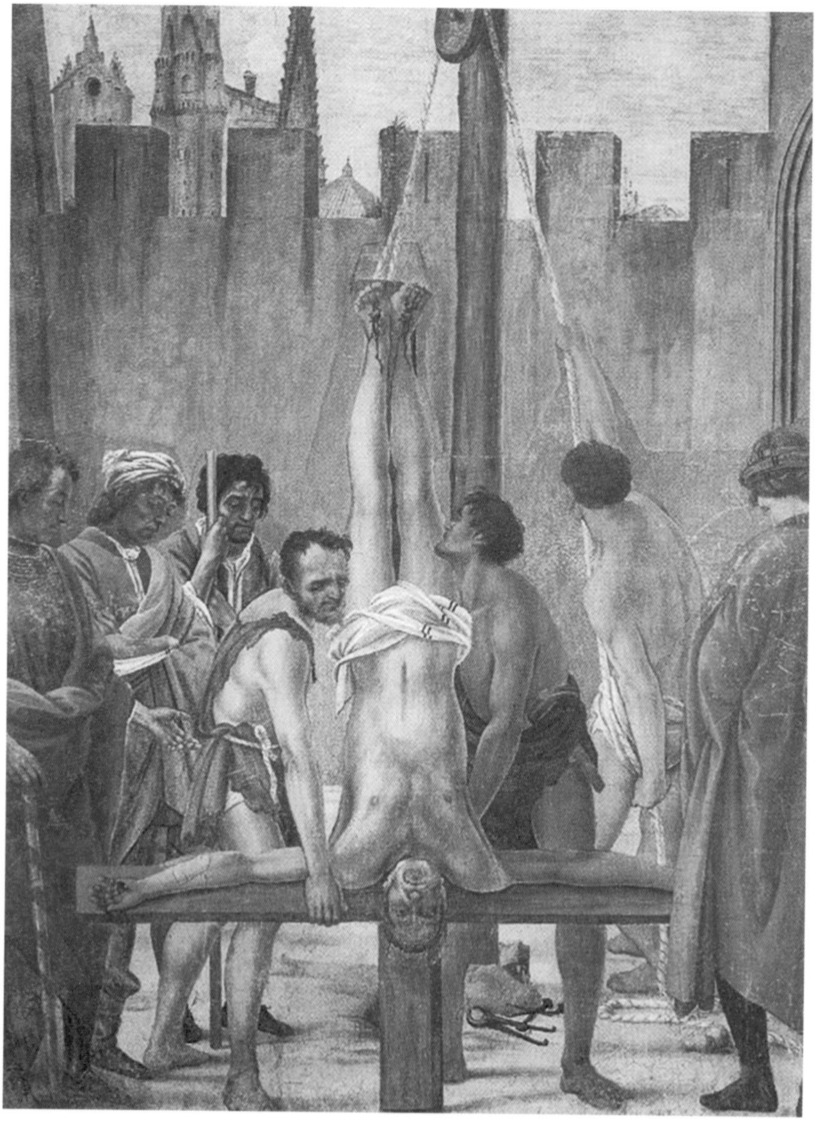

聖伯多祿殉道圖。他對自己先前的逃跑感到慚愧，要求倒吊受刑。

●自基督教創立以來，每逢帝國遭遇了什麼天災以後，羅馬教會總是反應迅速、慷慨解囊，是各地教會的榜樣。

●西元三三〇年，羅馬帝國的首都遷到拜占庭以後，羅馬主教就成了西方教會的領袖。

●羅馬教會人才輩出，出過很多傑出的神學家。從西元第四世紀開始，東方教會只要一爭論什麼神學問題，經常會找羅馬主教來「主持公道」，因為羅馬教會所代表的西方教會比較重視邏輯推理，慣於用比較嚴謹的方式來解讀聖經，這和比較感性的東方教會很不一樣。

●還有一點，是基於對〈**瑪竇福音**〉第十六章、第十八～十九節的解釋。很多基督徒認為羅馬教會是聖伯多祿所創，聖伯多祿既是羅馬教會的第一任主教，之後的羅馬主教自然就繼承聖伯多祿所擁有的正統，遂要求擁有當年耶穌所授予聖伯多祿的全部權力。

總之，羅馬主教之所以能在西元第五世紀以後興起，除了歷史文化的因素，主要就是來自於羅馬教會很長一段時期的經營，在聖伯多祿之後的歷代羅馬主教中不乏能人，生活在西元五世紀中葉的利奧一世（約西元四〇〇～四六一年）就是其中非常傑出和重要的一位，「教

到羅馬，不久就被捕了。彼得在臨死之前要求被「倒釘十字架」，因為主耶穌基督是被釘在十字架上而死，彼得自認不配與主耶穌基督一樣的死法。

瑪竇福音——是天主教對這個福音的稱呼，基督新教則稱之為〈馬太福音〉，大約寫成於西元八〇年左右，一共有二十八章，以猶太基督徒為主要對象而書寫。在一般印行的《聖經》裡，〈瑪竇福音〉都是位居四部福音書之首，在它之後分別是〈馬爾谷福音〉、〈路加福音〉和〈若望福音〉。

皇」一詞的出現就與他有關。

「利奧」是他的教名，在拉丁語中是「獅子」的意思。他出生於義大利的托斯卡納大區，三十歲左右成為羅馬教會的執事，接下來在教會的地位愈來愈重要，在四十歲左右成為羅馬教會的教宗，在位二十一年（西元四四〇～四六一年），可以說是基督教教會史上最重要的一段教宗任期。

利奧一世強調自己的權力來自聖伯多祿，擁有統治教會的最高權威。在上任了五年左右，他就從羅馬皇帝那兒拿到一道敕令，將羅馬教會提升至西方教會中最高的地位，這道敕令宣布，凡是由羅馬主教制定的法律，全部教會都應該執行。同時，當羅馬主教傳召其他教區主教時，各主教

拉斐爾所繪《聖利奧與阿提拉的會面》，畫中飛在利奧一世上方的是聖保羅和聖彼得。

都得應召，不能拒絕。利奧一世自此號稱教皇。

利奧一世生逢亂世，由於羅馬帝國長期存在的諸多社會危機，造成國力式微，再加上蠻族入侵，凡此種種，都促使羅馬主教必須挑起更大的責任，而利奧一世也表現得相當出色。

利奧一世最為大家所稱道的，就是曾經勸說蠻族退兵，以及靠著勸說保全了羅馬城。

西元四五二年，大約在利奧一世擔任羅馬教會教宗的十二年後，他與一個羅馬特使團一起來到曼多化城，會見匈人首領**阿提拉**，勸說阿提拉停止侵略行動。結果阿提拉在這次會面之後，居然真的就率大軍離開，讓義大利半島其他地方得以逃過一劫。

三年後，當另外一支名叫尹達利的蠻族計畫要入侵羅馬時，利奧一世也前往勸說，雖然沒有成功，但他的勇氣還是贏得了很多人的尊敬。不久，尹達利人果真入侵了羅馬，在城內到處搶掠了兩個星期，利奧一世在手無寸鐵的情況之下再度去勸說，結果至少保存羅馬城免於被焚，聖伯多祿、聖保祿和聖若望三座大殿也得以在這場浩劫中僥倖存被留了下來。

阿提拉——（Attila，約西元四〇六～四五三年），是古代亞歐大陸匈人的領袖，歐洲人稱之為「上帝之鞭」，意思是「神降之於世人的刑罰」，曾兩度率軍入侵巴爾幹半島，包圍君士坦丁堡，也曾遠征至高盧（今法國）的奧爾良地區，還攻向義大利，於西元四五二年把西羅馬帝國弄得名存實亡。

還有另外一種說法，說「上帝之鞭」指的其實是中國秦、漢時期的匈奴，當時匈奴對秦朝、漢朝都形成頗大威脅，漢初是靠著和親匈奴，以此換取邊境的安寧，直到漢武帝（西元前一五六～前八七年）任用衛青（生年不詳，卒於西元前一〇六年）、霍去病（西元前一四〇～

面對教會內部，利奧一世也是意志堅定，後來不僅連帝國之內最偏遠地區的主教，都毫無異義服從羅馬主教的管轄，對於一切有關教義的爭論，利奧一世也保有最後、最權威的裁定權。

雖然羅馬教宗的權力要到中世紀時期才達到極盛，但利奧一世超過二十年的經營，無疑已經確立了羅馬教會在西方基督教世界的領導地位。

西元四六一年底利奧一世過世時，被葬在聖伯多祿的墓旁。他的遺骨經過一千六百年，至今仍保存在梵蒂岡聖伯多祿大殿的一處祭臺裡。

5 清修運動

早在君士坦丁大帝統一教會和羅馬帝國之前，基督教因為廣泛傳布，不免出現了素質不齊的基督徒，當時就有一些特別注重**屬靈**生活的人離開教會，退居大漠。所以在希臘文裡，「隱士」是「沙漠」的意思，「修士」是「獨自」的意思。不管是隱士還是修士，他們都堅守著貧窮、聖潔、順服的誓言，每天的生活幾乎就是祈禱和勞動，當

前一一七年）等大將，向匈奴發動有力的反擊，情勢才有所變化。之後匈奴分裂，南匈奴依附漢朝，北匈奴在漢軍的追擊下則向歐洲遷移，進而不斷占領哥德人等所謂蠻族的地盤，導致哥德人等轉而逼近羅馬帝國，造成歐洲歷史上規模最大的人口大遷移。於是匈奴人就被稱為「上帝之鞭」，意思是說他們就像鞭子似的不斷驅趕著人們。最終，匈奴人打敗了當時歐洲最強大的國家羅馬帝國。

然，也有些人還是會傳福音。

後來，君士坦丁大帝令基督教合法、成了基督徒的保護者，按常理來看，對於教徒來說這當然是一大好事，然而或許世間萬事萬物都是「**一體兩面**」吧，不少基督徒因為再也不用擔心會被羅馬帝國迫害，精神世界卻也因此備受衝擊。

究其原因，很多信徒當初之所以會信仰基督教，都是為了想要逃離現世、甚至可以說摒棄現世，即使明知要為此承受巨大的壓力，知道生命隨時會被剝奪，但這就是代價，而這樣的代價一方面是在預期之中，另一方面也是出自他們自己的選擇，因此並不全然都是負面的，相反的也微妙的帶來一些正面的心理感受，甚至像殉教這樣的事對於他們來說，也不是悲慘，而是悲壯，是一種精神上的滿足，以及自我價值的實現。然而，當基督教合法之後，就算想要像聖保羅、聖彼得那樣殉教也沒機會了，很多基督徒不得不感慨「時代真是不一樣了」。

等到進入西元第四世紀，基督教被皇帝狄奧多西一世奉為國教以後，隨著政教合一的體制，教會不可避免變成一個包含現世的組織。這使得那些一心想要避世的教徒悵然若失，於是，在想要逃離現世的心理需求得不到滿足的情況下，不少教徒遂不得不離開教會，遁入荒漠，過著隱居的生活。之後他們又以師徒相聚，結成團體，這就是最早的基督教修士。

屬靈——是出現在《聖經》裡的名詞，意思是尊主為大，無論思想、言語或行為都不違反上帝的心意，不會以自我為中心，更不會率性而為。

一體兩面——古往今來很多哲學家都提過這個概念，簡單來講就是任何事物都有兩面性，有生就有死、有好就有壞、有快樂就有痛苦等。

西元三、四世紀時，生活於埃及的基督徒聖安東尼（約西元二五一～三五六年），被後世稱為「修道運動之父」，他是基督徒隱修生活的先驅。

他生長在一個富有的基督教家庭，從小便經常和家人一起上教堂。在他二十歲左右，父母相繼過世，留給他龐大的遺產。有一天，在他前往教堂的途中，正思考著那些了不起的使徒是怎樣捨棄了一切而跟隨主，然後當他走進教堂時就聽見有人在朗讀福音書，內容居然恰巧就是有一次耶穌對某位富家少年說：「你如果願意做一個完全人，可以把你所有的一切全部變賣，然後通通分給窮人，這樣就必有財寶在天上，同時你還要來跟從我……」聖安東尼一聽，大受觸動，於是毅然放棄所有的財產，開始過起了隱修的生活。

當時隱修的風氣尚未興盛，所謂隱修多半都是在自己家鄉附近獨自修行，聖安東尼也是這樣過了十五年。到了

聖安東尼戰勝了（腳下的）惡魔。

三十多歲的時候，他渡過尼羅河，到沙漠中一座位於山上的廢棄軍用城堡中，一待就是二十五年。在這段長達四分之一世紀的時間裡，聖安東尼全靠城堡內的泉水，以及朋友每隔半年送來的麵包，來維持基本的生命所需。對聖安東尼來說，只要與神同在，水和**麵包**就足夠了。

後來，因為仿效他的人愈來愈多，而且這些追隨者也都迫切渴望能夠得到他的指導，聖安東尼便固定與他們會晤並給予指導。這樣過了五年左右，聖安東尼又退隱到尼羅河與紅海之間克津山的曠野，在那裡度過他最後四十五年半的獨修歲月。

聖安東尼頗為長壽，享年約一百零五

聖安東尼的隱修生活圖，1500 年左右的畫作。

麵包——當地氣候乾燥，麵包不易變壞，所以聖安東尼的朋友總是一次就送來半年的份。

歲，一生當中超過五分之四的時間都是處於獨自隱修的狀態。他這樣的生活方式影響了不少後代的基督徒。在聖安東尼過世三十年後，我們在本章第三節中介紹過的「拉丁教會之父」聖奧古斯丁，就曾經在其代表作《懺悔錄》中，描述過自己是如何受到聖安東尼的啟發。

像聖安東尼這樣本想獨自隱修，卻因為追隨、仰慕的人太多而被打斷的事，後來也發生在很多隱士的身上。有一個比較極端的例子，是敘利亞有一位名叫聖西米恩（生卒年不詳）的隱士，因為仰慕者太多、不斷前來拜訪請益，他不堪其擾，便在敘利亞沙漠造了一個像高柱一樣的東西，然後躲在上頭獨自修道，至於食物則都靠著門徒定期放在吊籃裡，他再拉上去。聖西米恩在這個「高柱」上待了三十年，後世稱為「高

這幅畫現存於德國呂貝克主教座堂，描繪關於聖安東尼的各種傳說。

柱修士」。

不過，像聖西米恩這樣堅持要獨處的隱士還是比較少的，何況從某種意義上來說，如果徹底獨處、沒有別人幫忙供給食物，聖西米恩也沒有辦法完成「獨自修道」的目標。多半的隱士即使一開始想要離群索居，後來都還是會順應人類普遍喜歡群居的天性，而逐漸產生了組織。

後世所知道的第一個清修團體，是在西元四世紀上半葉由修士帕科繆（西元二九〇～約三四六年）在埃及所建立。

帕科繆原來是一個軍人，大約在二十二歲的時候信仰基督教，並決心以清修的方式來落實自己的信仰，可或許是基於軍人的習慣，他很快便感覺到這樣的生活太不規律，認為不利於清修，便在二十五至三十歲之間，在埃及南部塔本尼西建立起基督教第一所修道院，讓有心清修的教徒在經過宣誓之後，可以在這裡按照他所設計的生活規則，一起進行有規律的清修。

帕科繆至五十六歲左右辭世為止，一共建立了十所修道院，其中既有專為男性修道者所建立，也有專為女性建立的修道院。

在帕科繆修道院出現以後，在東方，雖然仍有一些修行者盡可能採離群索居的方式來清修，但是以團體生活方式來清修這樣的做法還是日益普遍。到了西元四世紀下半葉，聖巴西爾（約西元三三〇～三七九年）在晚年（西元三七四年）重訂清規，從此這套清規便通行於羅馬帝國東部的各個修道團體。

接下來，清修運動從帝國東部傳到西部，傳到羅馬時，則大約是在接近西元四世紀中葉的時候（大約在西元三三九年）。初期遭遇強烈的反對，被指責為反社會運動，當時就連「拉丁教會之父」之一的聖傑羅姆都因倡導過清修而飽受抨擊。不過，即使是這樣，清修的風氣仍然漸漸在帝國西部日益普及，從義大利本島慢慢傳播於每一個行省，並開始發展出自己的團體和組織。

甚至，西部的拉丁教會還發展出不少組織完備的修道團體，其中，創立於六世紀上半葉的「本篤會」，就在後來的歷史上扮演著重要的角色。

本篤會的創設者是聖本篤（西元四八〇～五四七年），被後世稱為「西方隱修之祖」、「西方修道主義的族長」。

聖本篤出生於義大利的一個富貴之家，年紀輕輕便開始棄家修行。在西元五二〇年左右，他創立了卡西諾山修道院，並且為修士們訂立清規，世稱「聖本篤清規」。卡西諾山修道院成為本篤會的發祥地，而之後凡是採用「聖本篤清規」的修道院，都成了本篤會修道院。

聖本篤主張要勤奮工作，他告訴大家「要提防怠惰，怠惰是靈魂最大的仇敵」，「能夠以雙手作工、從事農耕，是最有用的人」。每一個本篤會都像是一個自給自足的小型社會，修道院裡的修士們共同生活，接受同樣的規定，也享受同樣的待遇。

「聖本篤清規」比較中庸，禁止過分的苦行，在往後幾個世紀中為西方各地的修道院所通行。由於清規中明訂修士們的功課有農事、抄經和教育（包括教育修道院裡的新成員以及俗世的兒童），使得後來本篤會在西方中世紀的黑暗時期，為保存西方文明做出了巨大的貢獻。

第五章　蠻族大入侵

早在羅馬帝國極盛時期，周邊就住著各式各樣的蠻族，
當西元四世紀下半葉這些蠻族被匈人攻擊而進入羅馬帝國避難時，
日漸衰弱的羅馬帝國原打算藉他們來充實軍力，
沒想到卻引狼入室……

我們在第三章中已經一再提到，蠻族入侵是造成羅馬帝國走向衰敗的主因，這一章我們就要來講述關於這方面的歷史。

首先，「蠻族」當然是一個相對的概念。在西元初期幾個世紀當中，羅馬帝國的領土覆蓋了地中海四周的文明開化地區，而在帝國之外就被認為是蠻族的世界。

在歐亞大陸，從東歐的匈牙利、羅馬尼亞和俄羅斯南部，一直到東亞的蒙古與中國東北，是一個橫亙大陸的草原地帶，大約在西元前八〇〇至前三〇〇年間，就有一些遊牧民族自西向東前來占領了這廣大的草原地區。這些遊牧民族擁有動物及動物產品，但因不事農耕，所以沒有糧食，也沒有金屬，儘管他們會用做生意的方式來和農業社會來往，以獲得他們想要的糧食、金屬等等。我們可以說，遊牧民族的商隊藉由經濟活動，把歐、亞兩邊的文化自然而然的聯繫在一起。但同時他們也會訴諸武力，非常蠻橫的攻擊在軍事方面不如他們的農業社會，直接掠奪他們想要的資源，這也讓農業社會深感痛苦。放眼世界歷史，遠古的埃及、中東、中國和羅馬帝國，都吃過這些遊牧民族的苦頭。

以中國為例，在西元前三世紀（戰國時代末期），匈奴人就已成為中國嚴重的外患，「戰國七雄」中，地處邊陲的燕、趙、秦三國，為了防禦匈奴、東胡等游牧民族的侵擾，就興建長城，等到西元前二二一年、也就是在秦始皇（西元前二五九～前二一〇年）統一天下的八年以後，他一方面拆掉內地大部分的長城，另一方面則把戰國時代燕、趙、秦三國原有的長城加以增修，築成萬里長城，以此來保障秦帝國邊境的安寧。

漢朝初期，漢高祖劉邦（西元前二五六～前一九五年）征討匈奴失利，差一點就丟了老命。

西元前二〇一年，**韓王信**（生年不詳～前一九六年）在大同地區叛亂，勾結匈奴企圖攻打太原，漢高祖劉邦親自率領三十幾萬大軍迎擊匈奴。在打了一場勝仗之後，劉邦想趁勝追擊，一直追到樓煩（今山西寧武）一帶，當時已進入寒冬，天降大雪，劉邦不顧勸阻，輕敵冒進，結果中了匈奴誘兵之計，和他的先頭部隊一起在平城白登山（今山西大同北部）被圍了七天七夜，和主力部隊完全斷絕了聯繫，情勢十分危急，史稱「白登之圍」。後來多虧陳平（生年不詳，卒於西元前一七八年）重賄冒頓單于的妻子，請她代為說情，劉邦才得以脫險，接下來不得不改用和親的方式來穩住匈奴。之後，和親的做法就被漢初幾位皇帝所沿用。

韓王信——戰國時代韓國的襄王的庶孫，是秦末漢初的將領，西漢初年被漢高祖劉邦封為韓王。一般為了避免把他與淮陰侯韓信混淆，所以都稱之為「韓王信」。

王昭君，原名王嬙，漢元帝時和親單于。

王昭君和親匈奴單于的陶像，收藏於香港藝術館。

漢元帝時中國古代四大美人之一的王昭君（約西元前五二～前一九年）遠嫁匈奴就是一個著名的故事。「王昭君」這個名字應該是在她出塞前夕被賜的封號，「昭君」一詞正是「漢皇光照匈奴」的象徵。

直到西漢第七位皇帝漢武帝（西元前一五六～前八七年）即位，才再度採用軍事手段來處理邊境問題，希望能夠解決長期來自匈奴的威脅，結果也相當不錯，當時漢朝的北部疆域因此從長城沿線成功推至了漠北。

西元四世紀中葉，匈奴向西推進，侵入窩瓦河下游和俄羅斯南部地區，到了西元四世紀下半葉（西元三七五年左右），他們征服了東哥德人。西元三七六年，日耳曼人進入羅馬帝國，同年西哥德人也逃入羅馬境內。之後北疆外的其他部族也群起效尤，都一一突破了羅馬帝國早就殘破的邊防。不到一個世紀，帝國西部就亡於蠻族之手。

影響西方文化最深的幾個因素，第一是希臘文化，第二是羅馬文化，第三是基督教文化，第四就是日耳曼人了。簡單來說，日耳曼人的入侵不僅改變了羅馬帝國的命運，也把西洋歷史從上古推向了中古。

在這一章中，就讓我們先從日耳曼人開始說起吧。

1 日耳曼人的遷移

其實，就算在羅馬帝國的盛世時，帝國周邊也早已有各式各樣的蠻族，譬如在帝國東邊有波斯人或安息人，在東南有阿拉伯人，在西邊有塞爾特人，而北邊就是日耳曼人。

後世並不是很清楚「日耳曼人」這個詞是怎麼來的，不過有一個比較普遍的說法，說最早使用這個詞的是希臘歷史學家波希多尼（約西元前一三五～前五一年），時間則大約是在西元前八〇年。過了三十年左右，凱撒在他那本著名的《高盧戰記》中也使用了「日耳曼人」這個名稱。

「日耳曼人」聽起來好像是指單一的民族，實際上最初是包含了幾個民族，所以在涵義上應該是「日耳曼諸民族」，像條頓人、喀布里人、哥德人、汪達爾人、盎格魯人、薩克遜人、朱特人等等，都是其中的一分子。這些民族彼此之間存在著一種親屬關係，都屬於日耳曼民族，所以慢慢就被統稱為「日耳曼人」。

他們最早是居住在近代德國的北部、瑞典的南部和丹麥，包括波羅的海南岸和斯堪地納維亞半島。後來，日耳曼人開始慢慢擴張，向西至北海沿岸，向南到萊茵河和多瑙河，向東擴張至維斯瓦河。

在古代，萊茵河外幾乎都是茂密的森林，沼澤很多，在氣候上則表現出「夏天多豪雨，冬天多嚴寒」的特點，由於生活條件相當嚴酷，讓他們鍛鍊出強健的體格。按古羅馬著名歷史學家**塔西陀**（約西元五五～一二〇年）的描述，日耳曼人其實不能算是蠻族，因為他們已經具有一定的文明，譬如：

● 日耳曼人是一個階級社會，社會上有四個階層，分別是貴族、自由人（部落的武士）、脫奴籍者以及奴隸。社會組織最小的單位是家庭，在家庭之上有氏族（也就是由幾個具有血緣關係的家庭形成一個較大的社會單位），每一個氏族中，成員有互助的責任和義務。

除了家庭和氏族，還有一種社會單位叫做「義士團」，這是一種結盟性的組織，由一個首領和一群追隨他的武士所組成。我們不難想像，首領一定是一個勇敢善戰的人，還要有領導能力。每一個義士團的首領，要供應效忠自己的武士若干武器和衣物，並帶領這些武士對外展開掠奪，而武士們的義務，就是對首領絕對忠誠，甚至如果首領在戰鬥中死亡，武士們也絕不苟活。

● 在塔西陀所處的時代裡，日耳曼人也有政治組織，就是部落，部落由一個「渠長會議」來管理，渠長多半為貴族的首長，或者是以某方面特殊表現見長的領袖，譬如特別的英勇、或特別的智慧等等。但每逢有任何重大事項需要做決定

塔西陀——的代表作之一《日耳曼尼亞志》，全名為《論日耳曼人的起源、分布地區和風俗習慣》，發表於西元九八年，是現存有關古代日耳曼人社會組織、經濟生活、風俗習慣以及宗教信仰等等，最早也最詳細的文獻。

塔西陀雕像，豎立於現今奧地利國會大廈外。

時，渠長就會召集全體自由人會議來進行討論，並做出決議。

之後，有的部落又會自相結合，形成一個更大的團體，叫做「民族」。

● 羅馬的法律是由立法和判例兩方面所組成，日耳曼人的法律則只是基於一些世代相傳的部落習慣，而且所處理的，主要都是個人相互之間的侵害和責任，對罪行的懲罰通常都是採取罰款，甚至殺人也可由罪犯支付所謂的「償命錢」作為賠償，至於罰款的多寡則是依被害者的社會階級、年齡和性別而定。不過，即使是這樣，日耳曼人還是已經有了基本的法律概念。

● 日耳曼人初期是以狩獵和畜牧為生，不過，到了凱撒的時代，也就是西元前一、二世紀的時候，他們已經開始從事農業，也已經知道如何使用鐵器。這麼一來，本屬於遊牧民族的日耳曼人，自然就愈來愈傾向於定居。這時的日耳曼人，通常把農事和工藝製造等生產方面的事交給婦女和奴隸，男人則把時間和心力放在狩獵和戰爭之上。

從西元第四世紀下半葉開始，蠻族大舉入侵羅馬帝國。然而，在此之前，其實日耳曼人就早已滲入了羅馬帝國。

最主要的方式就是加入羅馬帝國的軍隊。聚居在帝國邊境的日耳曼人，不時會成群結隊越過邊境受僱於帝國的軍隊，他們在帝國軍隊裡的人數愈來愈多，到了君士坦丁大帝時期，甚至已經超過了羅馬士兵，而且到後來羅馬軍隊中不僅是士兵，就連很多高級將領也都是日耳曼人。

第二種方式，是定居於行省。帝國會把一些荒地交給日耳曼人去墾殖，也有些日耳曼人會成為私有大領地的佃農。

第三種方式，則是獲准以整個部落加入羅馬帝國，成為帝國的附庸與邦。然後帝國一方面會指定土地讓這些日耳曼人進行屯墾，另一方面也賦予他們防禦新入侵者的責任。

鑒於以上這三種方式，可以說羅馬帝國在蠻族大入侵開始之前，其實已經開始逐漸的蠻化了。

2 西羅馬帝國滅亡

蠻族大舉入侵羅馬帝國的現象，是從西元第四世紀下半葉開始的，第一個這麼做的蠻族是西哥德人，導火線是因為他們受到了匈人的攻擊。

匈人屬蒙古種，後世學者推測他們的祖先就是中國著名的外患匈奴，匈奴從戰國末期一直到秦漢，都頗讓人頭疼。經過漢朝的安撫和征討，匈奴慢慢發生了分化，一部分歸化中國；一部分仍然留在蒙古和新疆一帶；還有一部分則西遷至裏海以東，並在那裡建國，後來迫使西哥德人侵入羅馬帝國的就是這一支匈人。

他們很可能是為了要尋找新的牧地，或者是出於中亞內部民族之間的一些騷亂，遂往西進入歐洲，在西元四世紀末（西元三七一年）開始攻擊東哥德人。

雖然都是遊牧民族，但是匈人顯然更具機動性，就連飲食和睡覺也幾乎是在馬上，而戰鬥性乃至殘暴性，也都遠遠超過東哥德人。大約經過四年的時間，匈人征服了東哥德人。

翌年，匈人的目標瞄準了西哥德人。西哥德人當然試圖抵抗，但是遭到了挫敗，在驚慌失措、頓感走投無路之餘，他們急忙向羅馬帝國東部的皇帝求援，請求准許他們二十萬人進入巴爾幹半島，也就是說，他們想要移居到羅馬帝國境內來避難。

當時帝國東部在位的皇帝是時年四十八歲的瓦倫斯（西元三二八～三七八年）。面對西哥德人這樣的請求，瓦倫斯感到很為難，因為如果拒絕西哥德人的要求，不免擔心他們會惱羞成怒，進而挑起戰端，但如果同意，又可能會引狼入

西哥德人洗劫羅馬城的景象，繪於西元15世紀。

室。最後，西哥德人在經過一段焦灼的等待之後，終於得到瓦倫斯皇帝同意的訊息。

此時瓦倫斯皇帝所打的如意算盤是，希望能夠正好以為數眾多的西哥德人來充實羅馬的軍隊，可事情很快就失控，不僅西哥德人源源不絕的遷入多瑙河流域，其中竟然還有一些匈人也跟著來到了羅馬帝國，而帝國自己本身的軍事力量又很薄弱，無法對這些蠻族進行有效的控制。再加上羅馬政府一方面想要解除蠻族的武裝，另一方面又沒有辦法做好種種安置的措施，包括沒有準備足夠的糧食，受命負責監督這些蠻族的帝國政府官吏又胡作非為，任意搜刮西哥德人的財物、掠奪他們的子女等等，於是，西哥德人在大舉進入羅馬帝國還不到一年就發動了叛變，而且立刻受到當地許多下層社會民眾的支持與響應。

戰事一起，羅馬軍隊就明顯不是西哥德人的對手。眼看多瑙河駐軍連續吃了敗仗，瓦倫斯皇帝非常著急。為了鼓舞士氣，西元三七八年，瓦倫斯皇帝被迫御駕親征，親自率領帝國的精銳部隊與西哥德人交戰，史稱「亞德里亞堡之役」，結果羅馬軍隊被徹底擊潰，傷亡人數超過三分之二，瓦倫斯皇帝本人則是負傷被困在一間木屋裡，然後被活活的燒死。

這是有史以來第一次，一支被羅馬人視為蠻族的隊伍，在羅馬帝國境內擊敗了羅馬大軍，意義真是非同小可，標誌著一個新時代的開始，這就是蠻族盤踞羅馬帝國的開始。

在這之後的幾十年內，西哥德人一直待在帝國境內，成為羅馬帝國內部的一個毒瘤，直到近百年之後，西羅馬帝國都滅亡了，西哥德人依然存在，還在西班牙與義大利都建立了自己的王國。

不過，在「亞德里亞堡之役」後，西哥德人即使能在羅馬帝國境內縱橫無阻，卻往往無法固守戰果，也無法攻下那些有城牆做為保護的城市，這給了羅馬帝國重新振作的機會。瓦倫斯皇帝死後，繼位的是時年約三十三歲的狄奧多西一世（就是我們在前面第四章、第二節中介紹過的那位獨尊基督教為國教的皇帝），狄奧多西一世勵精圖治，終於恢復了帝國的安寧，他甚至還把西哥德人集中到色雷斯去居住，讓他們成為羅馬帝國的附庸與邦。

在狄奧多西一世的統治之下，不僅帝國東部獲得平靜，同時他還數度舉兵為帝國西部平定戰亂。西元三九四年，迪奧多西一世把帝國西部也納入統治，這年他大約四十八歲。

狄奧多西一世在位十六年（西元三七九～三九五年），這是羅馬帝國最後一次的統一。

狄奧多西一世過世之後，羅馬帝國再度分裂，由他的兩個兒子分治東西；長子阿卡狄烏斯（約西元三七七～四〇八年）統帝國東部，次子霍諾里烏斯（西元三八四～四二三年）統帝國西部。羅馬帝國至此已實際上分成兩個國家：東羅馬帝國與西羅馬帝國。

而西哥德人這時有一位年輕厲害的角色，名叫阿拉里克（約西元三七〇～約四一〇年）。阿拉里克出生於多瑙河三角洲中的一個小島，他的名字首度見諸史冊是在西元三九四年、狄奧多西一世統一羅馬帝國的這一年。狄奧多西一世為了安撫西哥德人，將他們安置在帝國邊境，讓他們戍邊，並任用西哥德人做為這種輔助軍隊的將領，阿拉里克就是這樣的將領之一。正因為擁有這樣的經歷，阿拉里克對於羅馬軍中諸多事務，包括訓練方式、作戰方式等等都相當熟悉。在狄奧多西一世過世之後，西哥德人便斬斷了他們與羅馬帝國脆弱的同盟關係，推舉阿拉里克為國王。這年，阿拉里克二十五歲左右。

阿拉里克率領著西哥德人進入希臘，洗劫了科林斯、斯巴達等重要城市，帝國東部的阿卡狄烏斯皇帝和他身邊的人都焦頭爛額，拿阿拉里克沒有辦法，最後只得以重賄讓阿拉里克率眾到西邊去。在西元三九七年以後的幾年之內，阿拉里克率領大批西哥德人，一直在多瑙河上游和亞得里亞海之間肆虐，成為義大利本土很大的威脅。

不過，在帝國西部，阿拉里克終於遇到了對手，這就是當時帝國西部最高軍事統帥斯底里哥（約西元三五九～四〇八年）。有意思的是，斯底里哥也是蠻族出身，他是汪達爾人。和阿拉里克一樣，斯底里哥也效忠於羅馬帝國，從軍期間深獲狄奧多西一世的賞識，被拔擢擔任要職，在狄奧多西一世死後，他就輔佐時年僅十一歲的霍諾里烏斯皇帝，成為小皇帝的攝政。

阿拉里克多次進逼義大利本土，都被斯底里克強有力的驅退。不過，為了對付阿拉里克，斯底里克無可避免勢必要調集重兵，這麼一來就造成帝國西部的邊防益發空虛，從西元四〇六年開始，汪達爾人等其他蠻族也趁機多次強渡萊茵河，侵入到羅馬帝國境內，後來還西向掠過高盧全境，直抵比利牛斯山山麓，造成帝國頗大的震動。

翌年，不列顛和高盧駐軍又紛紛舉兵叛變，對帝國來說，情勢愈來愈為棘手。在這樣的危急之秋，帝國內部偏偏又後院著火，年輕的霍諾里烏斯皇帝缺乏判斷，聽信讒言，居然在西元四〇八年把保護帝國厥功甚偉的斯底里克給處死。斯底里克享年大約四十九歲。

斯底里克是帝國西部最後一位有能力對付阿拉里克的將領，斯底里克一死，

西哥德人洗劫羅馬城的景象，連元首雕像也遭殃。

西羅馬帝國的末日也就到了。就在斯底里克被處死的同年，阿拉里克就率領部眾長驅直入義大利，進圍羅馬。此時霍諾里烏斯皇帝和政府要員早就逃之夭夭。羅馬城被圍之後，糧道斷絕，老百姓全都陷於絕望無助之境，稍後阿拉里克向城中索取重賄之後暫時撤兵。

接下來，阿拉里克又向霍諾里烏斯皇帝索取土地，談判不成，遂又於兩年後（西元四一〇年）再度包圍羅馬城，而且這一次城內百姓再也無法逃脫厄運，西哥德人破城之後大肆燒殺擄掠，使得向來被稱為「永恆之城」的羅馬飽受蹂躪，這對於帝國民心士氣的打擊之大，自然是不難想像。

西哥德人成了第一批攻克羅馬的蠻族。他們在大掠羅馬之後，來到義大利半島的南端。阿拉里克本想趁勝從這裡渡海入侵西西里和北非，但是這個計畫因為一場突如其來的暴風而中止，不久阿拉里克就去世了，死的時候大約四十歲。

在阿拉里克死後，由他的弟弟繼承王位，然後率部眾在西元四一二年往北走，越過阿爾卑斯山進入高盧境內。三年後，他們被羅馬帝國的軍隊所打敗，進入了西班牙，當時汪達爾人正在西

阿拉里克之死。熟稔羅馬軍隊的阿拉里克帶領西哥德人劫掠羅馬，被視為一國締造者。

班牙作亂。隨後西哥德人的首領與羅馬帝國和解，協助帝國軍隊一起對付汪達爾人，把汪達爾人驅趕到西班牙半島的南端，並獲帝國承認為附庸與邦，建西哥德王國。這是第一個在羅馬帝國西境建國的蠻族王國，大部分學者仍將阿拉里克視為王國的締造者。

羅馬在西元四一〇年被西哥德人大掠之後，時隔近半個世紀，西元四五五年又被汪達爾人所掠。汪達爾人是繼西哥德人之後，又一個令帝國大感頭疼的蠻族。

他們在西元四〇六年渡萊茵河侵入羅馬帝國境內，在掠過高盧之後，於三年後跨越比利牛斯山入西班牙半島。之後，他們雖然遭到帝國軍隊和西哥德王國的軍隊聯手合擊，被趕到西班牙半島南端，但是後來還是重整旗鼓，渡直布羅陀海峽進入北非，還曾圍攻希波兩年，我們在第四章第三節介紹過的「希波的奧古斯丁」，就是於西元四三〇年死於汪達爾人的圍城。

西元四三五年，帝國政府承認汪達爾人為附庸與邦，於是帝國西境出現第二個蠻族王國——汪達爾王國，他們占據了迦太基以外帝國在北非的大部分領土。

但汪達爾人仍不滿足，二十年後（西元四五五年），他們渡海來到義大利本土，繼西哥德人之後大掠羅馬。

羅馬經過西哥德人和汪達爾人兩次大掠，城內千百年來所累積的財富幾乎全部都被搜刮一空，唯一倖免於難、得以保全的只剩下基督教堂。

在汪達爾人占據了北非以後，羅馬帝國西部皇帝所保有的領土，只剩下義大利半島和高盧部分地區。從西元四二九年開始，帝國政府掌權者的政策是「遠交匈人，借匈人之力來遏阻日耳曼人繼續侵占高盧」，但是後來匈人阿提拉又起而統一部眾（就是我們在第四章第四節中提到過的那位「上帝之鞭」阿提拉），使帝國又吃盡了苦頭，直到西元四五三年阿提拉過世

阿提拉率領匈人入侵義大利半島。

之後，之前許多依附阿提拉的部落才相繼叛離，匈人內部也旋即四分五裂。

對西方來說，匈人的出現有如一場疾風驟雨，來得快、但消失得也挺快。

我們回頭再來看看汪達爾人。汪達爾人大掠羅馬城之後，在接下來二十年左右的時間之內，蠻族將領任意廢立皇帝，號令政府，成了帝國政府真正的主人。西元四七六年，一個日耳曼首領奧多亞克（西元四三五～四九三年）在義大利廢去了最後一位皇帝之後，從此沒有再立新的皇帝。於是後世歷史學者都將西元四七六年做為「西羅馬帝國」滅亡的一年，而稱這之後繼續存在於東部的帝國為「東羅馬帝國」，或稱「拜占庭帝國」。

3 東哥德王國與法蘭克王國

我們在上一節末提到的那位廢掉帝國西部最後一位皇帝的日耳曼首領奧多亞克，是義大利第一個日耳曼蠻族國王。在廢掉帝國西部皇帝之後，雖然奧多亞克在名義上仍然承認帝國東部的皇帝芝諾（約西元四二五～四九一年），但實際上已成了義大利的獨立統治者。

奧多亞克據義大利十三年，後來被另一支日耳曼人（東哥德人）的首領狄奧多里克（約西元四五五～五二六年）所殺。

狄奧多里克與東哥德王國

本來已在西元第四世紀下半葉被匈人征服的東哥德人，在西元第五世紀中葉「上帝之鞭」阿提拉死後，便擺脫了匈人的勢力，然後渡多瑙河，移入到河西伊利里亞以北地方，這是他們頭一回移居至羅馬帝國境內。在接下來的十幾年當中，他們有時侵掠羅馬帝國，有時又以附庸與邦的地位協助帝國作戰，對付其他的蠻族，然後逐步進占了多瑙河南巴爾幹北部的土地。

西元四七一年後，少年英雄狄奧多里克在東哥德人中崛起，經過十餘年的經營，在二十九歲左右（西元四八四年前後）從東羅馬皇帝芝諾這兒接受了元老和執政官的尊號，並統一了東哥德部眾，為東哥德人的王。

在接下來大約四年的時間裡，狄奧多里克繼續侵略馬其頓和色撒利這些地方，令芝諾皇帝倍感威脅，於是在西元四八八年，想出了一個一石二鳥的計策，那就是授權狄奧多里克西征義大利，要他去平定奧多亞克。

這年，狄奧多里克三十三歲。他毅然接受了這項任務，遂於翌年率領東哥德

狄奧多里克雕像，藏於奧地利宮廷教堂。

部眾入侵義大利。兩軍交戰，奧多亞克不敵，狄奧多里克奪取了義大利半島大部分的地區。奧多亞克隨後退守拉溫納城，狄奧多里克圍城三年，久攻不下，便設下一個詭計，佯裝要與奧多亞克和談，然後在一次表示友好的宴會上殺了奧多亞克，以這樣不太光彩的方式完成了對義大利的征服。

狄奧多里克考慮，如果與君士坦丁堡關係和睦，對自己的實際權力毫無妨害，還能增強自己在義大利法理上的地位，因此，他在形式上還是承認東羅馬皇帝的主權。接下來的三十幾年，狄奧多里克給了羅馬帝國後期一段難得的和平時光，在不少內政上都表現得很不錯，包括對內能夠主持正義、制定良好的法律，對外還能保衛領土，不受侵擾。後世學者普遍都認為，儘管狄奧多里克有時不免還是會暴露出蠻族的習性，殘暴而無信，但大體而言還是一個可圈可點的好皇帝，甚至不亞於許多羅馬傑出的皇帝。

有一點特別值得一提的是，狄奧多里克屬於一種「二重政府」的統治。面對羅馬人和哥德人兩個不同的民族，狄奧多里克並不打算要強行融合，譬如，他沒有改變羅馬的行政組織，所有的民政官職也都還是由原本的義大利人來擔任；又如，他讓每一個民族都各自保持固有的法律和司法制度，只有當案件是同時涉及到羅馬人和哥德人的時候，才會在哥德人的法庭、或是召集一個混合法庭來進行審理。

總之，在狄奧多里克統治下的義大利，雖然比不上之前羅馬的全盛時期，但無論是農業或是工商業，畢竟都還是恢復了一個世紀以來所沒有過的興盛，而且比起之後幾個世紀也還是要好過很多。

在狄奧多里克所統治的三十幾年之內，一度沉寂的文化也得到了復甦。在這裡我們要介紹兩位最具代表性的作家，分別是波伊提烏（西元四八〇～五二四年）和卡西奧多羅斯（西元四九〇～五八五年）。兩人都是羅馬人，都是因才學受到狄奧多里克的欣賞，而曾經在宮廷裡供職，並且後來也都備受西方中世紀初期的文人所景仰。

波伊提烏是一位頗為出色的政治家，面對「羅馬被哥德人統治」這樣難堪的局面，波伊提烏運用狄奧多里克「二重政府」的特色，盡力服務於「羅馬人的羅馬」。在四十三歲那年，波伊提烏遭到誣陷，被控陰謀叛國罪而下獄，在獄中他寫成《哲學的慰藉》，後來這成了他一生的代表作。翌年，波伊提烏即被祕密處死。

卡西奧多羅斯則出身貴族家庭，早年即以博學多才聞名，後來參加政務，為元老院成員，不久轉攻基督教事務，曾因被東羅馬帝國的軍隊所俘而在君士坦丁堡滯留過一段時期。他的著作也很豐富，影響了中世紀初期的基督教發展。代表作是十二卷的《信札》，內容包括了他為哥德國王們代筆寫給當時許多顯要人物最重要的書信和法令。

即使波伊提烏和卡西奧多羅斯的著作中創見不多，但他們的努力仍然為保存古典文化做出了不凡的貢獻，尤其是波伊提烏還被譽為是一位百科全書式的作家，著作領域涉及了哲學、神學、數學、文學、邏輯學、音樂等等，還是相當有價值的。

克洛維一世與法蘭克王國

到西元第五世紀末，羅馬帝國政府在西部已經傾覆，取而代之的是許多獨立的蠻族王國。除了在義大利的東哥德人、北非的汪達爾人之外，還有在不列顛的盎格魯—薩克遜人、在西班牙和西南高盧的西哥德人、在東南高盧的勃艮第人等等。

在這麼多入侵羅馬帝國的蠻族當中，法蘭克人是最重要的一支。我們現在就來重點講述一下法蘭克人。

在西元第五世紀初，法蘭克人已經進入萊茵河下游。關於他們早期的歷史，後世所知不多，只知道他們是所有日耳曼民族中最落後也最野蠻的一支，後來他們分為幾個小部落王國。當羅馬帝國西部的帝統宣告完結的時候，法蘭克人已經占有了高盧北部從萊茵河至大西洋的一大片地區。

到了西元第五世紀末，法蘭克人裡頭出了一位重要的人物，這就是克洛維一世（西元四六六～五一一年）。在克洛維一世四十五個寒暑的人生當中，簡單總結起來他做了三件大事：統一法蘭克、征服高盧，以及信奉羅馬公教（俗稱天主教）。

西元四八一年，由於父親過世，克洛維一世繼承法蘭克人的一個部落，這年他才十五歲。據書上描述，克洛維一世是一個道地的蠻族，殘暴、貪婪又不講信義，但不可否認確實是才能出眾，而且異常勇猛，僅僅花了短短幾年的功夫就征服了鄰近幾個法蘭克部落而稱王，然後在二十歲這年（西元四八六年）又率部眾打敗了羅馬帝國在高盧的最後一任總督，進而獨占了整個北高盧。所以，克洛維一世被視為法蘭克王國的奠基人，西元四八六年則被視為法蘭克王國的開國之日。

「統一法蘭克」使克洛維一世不再只是一個地區性的首領，「征服高盧」奠定了法國的基礎，最後，「信奉羅馬公教」則使克洛維一世與教皇結成同盟，並成為天主教會的保護者，此舉可以說展現了一個政治家長遠的眼光，很多後世學者都對此給予高度的評價，認為是克洛維一世一生最英明的決定。

因為當克洛維一世征服高盧的時候，雖然西羅馬帝國已經滅亡十年了，可當地仍然還有大量信仰正統教會的羅馬人，羅馬正統教會在當地仍然有權有勢，是一股不可小覷的力量，所以，表面上克洛維一世是接受了妻子的勸告，放棄了大多數日耳曼民族所信奉的**阿里烏教派**，改為信奉羅馬公教，但實際上他很可能是出於政治目的才做出這樣的選擇。不管如何，克洛維一世率領著他的三千部眾一起信奉羅馬公教，在西方歷史上還是一件相當重要的大事。從此，克洛維一世就以正宗教會的戰士自居，而在得到羅馬天主教教士和信徒的擁護之後，他無疑是如虎添翼，實力更加強大。

盎格魯—薩克遜人

最後，在結束這一節之前，我們也稍微介紹一下盎格魯—薩克遜人。

大約也是在西元第五世紀初年，羅馬帝國為了要防衛義大利和高盧，撤回了駐防在不列顛的軍團，然後在接下來的兩世紀當中，帝國自顧不暇，對於不列顛這個孤懸於海外的行省根本無暇顧及，於是，

阿里烏教派——是一個基督教的派別，由一位曾任埃及亞歷山大港的教士阿里烏所領導。阿里烏（或譯為亞略或亞流，西元二五〇～三三六年），攻擊「三位一體」之說，表示根據《聖經》記載，耶穌當為神所創造，強調基督既不是真神，也不是真人，是天父與凡人之間的「半神」。同時，阿里烏教派也反對教會擁有大量財富。

阿里烏教派的主張引起很多強烈的反對，反對最力的是一位同屬亞歷山大港的教士亞他那修（西元二九八～三七三年）。後來在西元三二五年，君士坦

盎格魯—薩克遜人、朱特人等蠻族就在這段期間渡海入據不列顛，他們就是後世英格蘭民族的祖先。

這些蠻族應該是在西元第五世紀中葉大規模入侵不列顛，到了西元第六世紀末徹底征服了不列顛。原本居住在不列顛行省的帝國居民幾乎都遭到殺戮。要強調的是，在所有入侵羅馬帝國的蠻族中，盎格魯—薩克遜人征服不列顛，可以說是一次最徹底、且最完全的征服，因為在征服之後，他們對於原住民的宗教、語言或生活習慣等等完全不接受，他們依然是日耳曼人，也不信奉基督教。

蠻族紛紛入侵羅馬帝國，意味著拉丁帝國和拉丁文明的解體，同時，西方歷史也從上古進入了中世紀。

丁大帝在小亞細亞的尼西亞召集會議，確立了「三位一體」的神學思想（這個我們在前面第三章、第四節中提過），阿里烏教派從此被視為異端，只存在於日耳曼民族當中，最後慢慢淡出了歷史。

第六章　上古時期的中國

當羅馬帝國時期從盛而衰，
東方的中國也從大漢帝國分裂為三國……

西洋上古史講到上一章就告一個段落，從卷四開始我們要進入西方中古史。

而在這一章中我們要補充兩個中國的部分，都是上古時期中的亮點，一個是造紙術的發明（西元一〇五年），另一個是三國時代（西元二二〇～二八〇年）；以時間軸的橫向來看，前者發生在羅馬帝國盛世，是一件影響整個人類文明發展的重大事件，後者則已進入羅馬帝國後期，正值羅馬帝國的「三十暴君時代」。

1 造紙術的改進

只要講到人類偉大的發明，各國的世界歷史都會這麼記載：「西元一〇五年，中國的蔡倫發明了紙。」

紙確實是一個非常了不起的發明，我們只要看看在紙還沒有問世之前，人們都是把那些重要的事情記錄在哪裡，就知道造紙術無與倫比的價值。以中國來說，在商、周時期，一般是把文書刻在獸骨和龜殼上，這就是甲骨文，特別重要的紀錄則是刻在青銅器上；到了戰國時期，人們開始把**竹簡**和木牘做為書寫的載體，秦始皇每天都要看一百公斤的竹簡公文，這經常被拿來做為秦始皇勤政的例證；西漢時期，東方朔（西元前一五四～前九三年）給漢武帝寫了一封「萬言書」，

竹簡——在還沒有紙的年代，文人出門時想要帶著書可是相當麻煩，因為「書」都是一摞摞的竹簡。所以，秦朝的宰相李斯（西元前二八四～前二〇八年）所創造的字體「小篆」，在當時就顯得非常實用，這種字體扁扁的，寫在竹簡上能夠節省空間；同樣一根竹簡，如果用小篆來書寫，相對也就能書寫比較多的內容。

足足用了三千根竹簡；當然，也有些皇室、達官貴人以及有錢人家會用絹帛來書寫，可是，**絹帛**那麼昂貴，不可能大量書寫，更不可能大量傳播。

直到東漢的蔡倫（生年不詳～西元一二一年），獨具慧心用樹皮、破布、麻頭和魚網等這些廉價的東西來造紙，大大降低了造紙的成本。而他所造出來的紙，不僅售價便宜，一般小老百姓都消費得起，更重要的是非常好用，問世之後自然就極為普及，無形之中對於文化的傳播起了至關重要的作用。

據說蔡倫是因為看到和帝劉肇（西元七九～一〇五年）親政以後，天天都要看繁重的竹簡公文頗為辛苦，於是就琢磨著能不能做出一種比較輕便的書寫用品，來減輕皇帝的負擔。當時，蔡倫是尚方令，這是負責主管製造宮廷用品的官員。其實他原本是一個宦官，但是因為聰明，尤其很愛動腦筋，大約在和帝永元九年被派任尚方令，對他來說，這可真是一個能夠讓他一展長才的理想職位，因為宮廷裡的作坊有著全國最好、最豐富的資源，對於蔡倫從事研發工作大有幫助。

蔡倫採用樹皮來做為原料造紙，開創了近代木漿造紙的先河，不

絹帛——「世界十大古墓稀世珍寶」中，中國有兩個：秦始皇的兵馬俑和長沙馬王堆。西元一九七二年出土的馬王堆漢墓，年代大約在西元前一九三年，是西漢初期長沙王丞相利蒼（生年不詳，卒於西元前一八五年）及其家屬的墓葬，裡頭發現有數卷帛書，包括歷史（如《春秋》）、哲學（如《老子》）、醫學（如經絡和養生之書）等等，是非常珍貴的文化遺產。

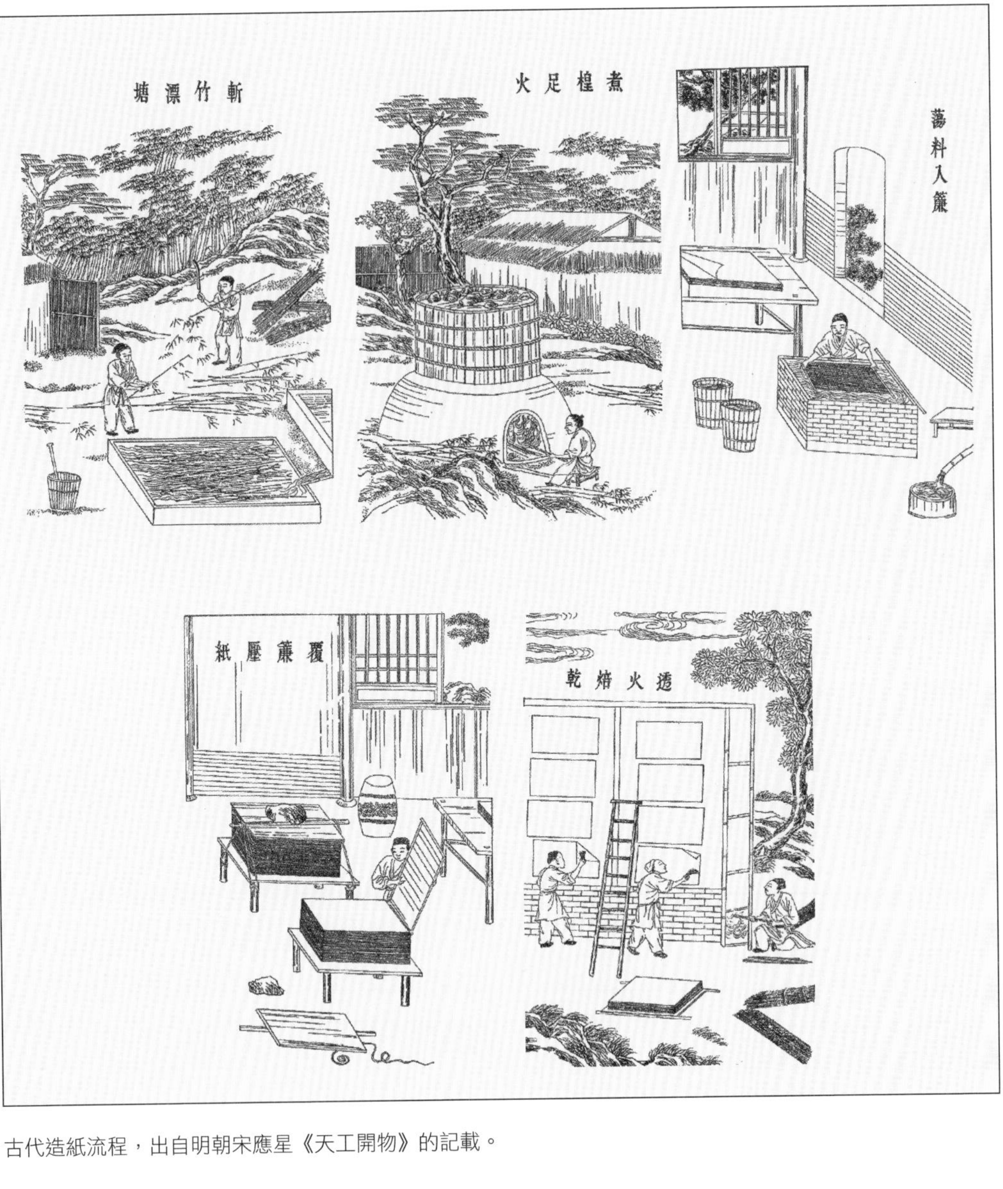

古代造紙流程，出自明朝宋應星《天工開物》的記載。

過，若要追溯造紙術的發明，前人經驗所累積的基礎無疑也相當重要，蔡倫可以說是站在前人寶貴的經驗之上，注入自己的巧思，深入的分析和研究，才有了如此開創性的建樹。即使所謂「前人的經驗」只是前人無心插柳的現象，但蔡倫卻能從中挖掘出寶貴的意義。說蔡倫是影響了人類歷史的偉大發明家之一，絕對不為過。

譬如，西元一九五七年考古學家在今天陝西西安灞橋的一座漢墓中發現了「紙」，後來被稱做「灞橋紙」，經過科學鑒定是屬於西漢的產物，雖然只是當時人們在漚麻等加工過程中，無意之間所產生的一種副產品，並不是刻意製造出來的東西，而且上面沒有字跡，表示也還不能用來書寫，只是看起來很像「紙」罷了。但以時間來說，「灞橋紙」畢竟是在蔡倫所處的東漢之前，因此，學者推測想必還是給了蔡倫一些關於如何造紙的靈感。

還有一種觀點，認為蔡倫在入宮之前的生活經驗，應該也對造紙術有所啟發。蔡倫是桂陽人（今湖南耒陽），當地山清水秀，每當春天桑蠶成熟要開始抽絲的時候，總會有很多婦女坐在溪邊用溪水漂絮，水面上因此總會留下一層薄薄的絲絨，只要小心的撈起來，曬乾以後就會變成絮紙。不少學者相信，蔡倫應該也仔細觀察和研究過絮紙產生的過程。

西元一〇五年，蔡倫向東漢和帝呈獻了紙。由於蔡倫曾經被封為「龍亭侯」，所以老百姓都把蔡倫發明的紙稱做「蔡侯紙」。

造紙術很快就在全國推廣，工藝進步也不斷提升。等到蔡侯紙在全國地都廣為流傳之後，自然而然就陸續傳到了國外。按歷史記載，在晉代（西元三世紀至五世紀）已經傳到朝鮮和越南，再從朝鮮傳到日本；唐玄宗天寶年間（西元八世

馬王堆漢墓出土的帛畫。

紀），唐軍在與阿拉伯大食國的戰爭中戰敗，不少士兵被俘，其中包括了造紙工人，造紙術就這麼傳到了阿拉伯；之後又由阿拉伯慢慢傳到亞洲西部和非洲北部，十二世紀中葉再傳入歐洲；西元十七世紀末，造紙技術又輾轉傳到美洲；十九世紀由歐洲再傳到澳洲。

到這個時候，經過一千多年的流傳，全世界終於都享受到蔡倫這項偉大的發明。

2 群星閃耀的三國時代

如果要在中國歷史中票選一段最著名的年代，三國時代一定名列前茅。

三國時代之所以會這麼迷人，主要是因為在這段時期人才輩出，再加上元末明初小說家羅貫中（約西元一三三〇～約一四〇〇年）在《三國演義》中的精采演繹，所以雖然距今已久遠，三國人物無論文臣武將，都依然活在很多人的心裡，譬如：

- 曹操（西元一五五～二二〇年），東漢末年傑出的政治家、軍事家、文學家、書法家，是曹魏政權的奠基人。善謀略，智勇雙全，性格強橫而又野心勃勃，被後世稱之為「一代梟雄」。

● 劉備（西元一六一～二二三年），蜀漢的開國皇帝。因早年生活貧困，以賣草鞋為生，所以被後世稱為「草鞋天子」。

● 孫權（西元一八二～二五二年），孫吳的開國皇帝。當年是因長兄孫策遇刺過世而掌權，那時他才十八歲，八年後與劉備建立孫劉聯盟，在赤壁之戰中擊敗強敵曹操，奠定了魏、蜀、吳三國鼎立的基礎。

● 諸葛亮（西元一八一～二三四年），蜀漢丞相。被劉備「三顧茅廬」的誠意所感動而出山的時候才二十七歲，是一位不可多得的青年才俊，更是中國歷史上忠臣與智者的代表性人物。

● 關羽（生年不詳，卒於西元二二〇年），被譽為「中國武聖」。他的武器「青龍偃月刀」和座騎「赤兔馬」都很有特色。「青龍偃月刀」重八十二斤（大約相當於現代的十八．三公斤），俗稱關刀；赤兔馬原本是另一猛將呂布的座駕，可日行千里，夜走八百，呂布死後，曹操就將赤兔馬送給了關羽。

在封建時代，關羽性格中那份鮮明的「義」的特質，同時受到統治階層和民間老百姓的喜愛，在去世之後逐漸被神化，成為一種民間信仰，民間尊之為「關公」，直到現在全球只要有華人的地方，都會有關帝廟。

● 張飛（約西元一六五～二二一年），勇武過人，在「桃園三結義」中因年紀最小，排行老三。當大哥劉備出席各種宴會時，張飛與二哥關羽終日侍立在劉備身旁。與關羽並稱為「萬人敵」。

●趙雲（也就是趙子龍，生年不詳，卒於西元二二九年），蜀漢名將。單騎救主、曾兩次在戰亂中救下幼主劉禪的故事，一直在民間廣為流傳。

●周瑜（西元一七五～二一〇年），東漢末年的名將，赤壁之戰中孫劉聯軍的主要指揮官。最終孫劉聯盟以區區五萬軍力大破曹操的號稱八十萬大軍。

●魯肅（西元一七二～二一七年），東漢末年傑出的戰略家和外交家。赤壁之戰中孫劉聯軍能夠以弱勝強、以寡擊眾，打敗了來勢洶洶的曹操，在很大程度上歸功於魯肅和周瑜的精心謀劃。

●司馬懿（西元一七九～二五一年），魏國的政治家、軍事謀略家，同時也是三國時代結束以後西晉王朝的奠基人。

「三國時代」是怎麼來的呢？這得從東漢末年開始說起，因為三國時代是上承東漢、下啟西晉的一段歷史時期，為期六十年。

東漢末年，由於土地兼併的問題愈來愈嚴重，地主豪強紛紛擁有自己的私人武力，再加上中央皇權式微，無力管束，因而造成群雄割據、軍閥混戰的局面。在軍閥割據勢力中，比較強大的有黃河以北的袁紹（生年不詳，卒於西元二〇二年）、黃河以南的曹操、長江中下游的孫策（西元一七五～二〇〇年）等等。

曹操出身於宦官家族，東漢末年「**黃巾之亂**」爆發時他二十九歲。在鎮壓「黃巾之亂」的過程中，曹操建立起自己的武裝力量，並且不斷拉攏地方豪強。曹操有勇有謀，在權臣董卓（生年不詳，卒於西元一九二年）胡作非為、早在關東諸侯還未聯軍聲討董卓時，他就曾經試圖刺殺董卓，但因董卓的防範極為嚴密，無法下手。在董卓死後四年，曹操把獻帝迎到許昌（今河南省許昌市），挾天子以令諸侯，在政治上取得了優勢，同時他也積極囤田積穀，儲備軍資，為了統一大業做充足的準備。

西元二〇〇年，袁紹率領十萬大軍南下進攻曹操，雙方在黃河邊的官渡（位於許昌之北，黃河之南，離許昌不到兩百里）遭遇。曹操的軍隊只有兩萬多人，結果兩軍在僵持了半年之後，最後曹操先奇襲袁軍的糧倉，再擊潰袁軍的主力。「官渡之戰」成了歷史上著名的以

黃巾之亂——是中國歷史上規模最大的一次宗教形式組織的民變，起於漢靈帝光和七年（西元一八四年），大批走投無路的農民在張角（生年不詳，卒於西元一八四年）的號令之下，紛紛揭竿而起。因為他們紛紛頭綁黃巾，高喊「蒼天已死，黃天當立，歲在甲子，天下大吉」的口號，向地方豪強發動攻擊，所以被稱為「黃巾賊」。九個月後，整個行動雖然宣告失敗，但是對東漢朝廷的統治還是產生了巨大的衝擊，促成了軍閥割據的局面，最終導致東漢名存實亡，從而進入了三國時代。

劉備、關羽和張飛參與平定黃巾之亂。

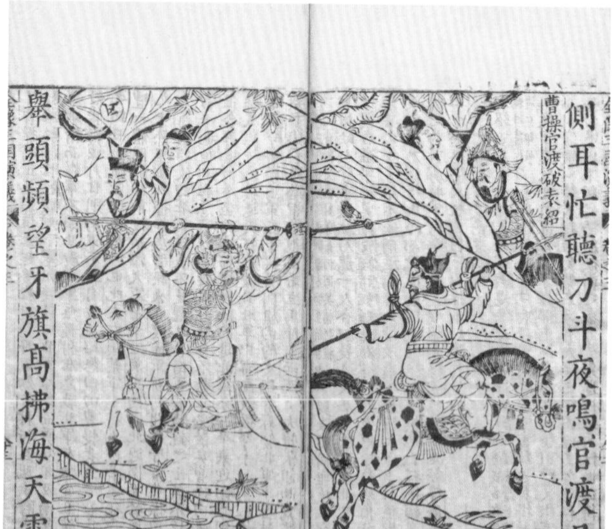

三國演義小說描繪曹操在官渡大破袁紹的情景。

少勝多的戰役，奠定了曹操統一北方的基礎。後來，曹操又北征烏桓，在西元二〇七年，逐步統一了北方。

而在南方，年方十八的孫權繼承了長兄孫策的基業，劉備則投奔荊州的劉表，囤兵新野。雖然劉備兵力單薄，地盤也不穩固，但因待人寬厚，吸引眾多英雄豪傑在他身邊，甘心為他所用，譬如謀士諸葛亮，猛將關羽、張飛和趙雲等等。

西元二〇八年七月，就在曹操統一了北方的第二年，時年五十三歲的曹操躊躇滿志，不顧謀士程昱、賈詡的勸阻，想要趁年輕的孫權剛剛掌權，但根基還不夠穩固，還沒能在江東樹立威望的時候，率領號稱八十萬大軍南下攻打荊州。

一開始，曹操的大軍勢如破竹。當時，占據荊州的劉表已死，他的兒子劉琮一看到曹操從北方殺過來，一下子就嚇破了膽，竟然不戰而降，而原本投靠劉表的劉備也就不得不率領部下退守夏口。曹操順江東而下追擊劉備，直逼夏口，嚴重威脅到劉備的安全。於是，諸葛亮趕去江東，想要聯合孫權共同抵抗曹操。

在面對強敵曹操的威脅之下，孫權採納了周瑜和魯肅的主張，決定接受劉備的提議，聯劉抗曹。緊接著，周瑜率孫劉聯軍與曹軍在赤壁會戰。其實，所謂「孫劉聯軍」，頂多只有區區五萬，在數量上根本無法與曹軍抗衡，但是因曹軍來自北方，不大習慣水戰，士兵們水土不服，普遍身體狀況不好，再加上曹操輕敵，中了詐降的詭計等等，戰役的結果竟然是孫劉聯軍獲勝，也因此「赤壁之戰」和

「官渡之戰」一樣，在歷史上也是出了名的以弱勝強的戰役，只不過曹操在這兩場戰役中的勝負完全相反。

「赤壁之戰」之後，曹操眼看統一無望，只得被迫退回中原，朝關中和隴西發展勢力，把統一的範圍擴及到整個北方，並且和南方形成南北對峙的局面。劉備占據荊州的部分地區，並以它為根據地向西進兵取得益州。孫權則繼續鞏固在江東的統治，並向嶺南地區擴張。

西元二二〇年，曹丕廢漢獻帝，自立為帝，在北方建立魏國；次年，劉備在成都稱帝，在四川建立蜀國；西元二二九年，孫權又在江東建立吳國，至此三國鼎立的局面完全形成。

在三國時代，雖然戰爭頻仍，但是三國為了鞏固和發展自己的勢力，各自圖強，社會其實是比較安定的，經濟也得到了一定的發展，與少數民族的關係也獲得了很好的加強。特別是孫權很重視文人學士，吳國教育發達，大大推動了江南文化的進步。在中國歷史上，長江中下游的經濟文化發展，孫吳政權的開發產生了承先啟後的作用。之後又有東晉、宋、齊、梁、陳等朝代，都是在江南立國，等於說是前後長達三個多世紀中，江南都有一個中央集權的政治中心，積極帶動了江南的開發，為以後的隋唐經濟發展奠定了良好的基礎。

羅馬是怎麼造成的？

管家琪

有人說，很多名言的下半句同樣重要，甚至還更重要。

比方說，大家都知道美國著名的發明家愛迪生（西元一八四七～一九三一年）曾經說：「天才，是一％的靈感加上九十九％的汗水。」這句名言，就有一句頗值得玩味的下半句，原來，愛迪生接著還說：「可是那一％的靈感是最重要的，甚至比九十九％的汗水都重要。」

我們在這一卷裡，也接觸到一個類似的例子，那就是：「羅馬不是一天造成的。」這句話的下半句是：「羅馬的衰敗也不是一朝一夕所形成的。」這句話大有「冰凍三尺，非一日之寒」的意思。想想看，天寒地凍的景象，難道會是在一夜之間形成的嗎？一定是從夏去秋來，天氣一天比一天冷，氣溫一天比一天低，然後開始下雪，雪勢愈來愈大，雪量愈來愈多，最後湖水開始結冰，一開始，只是在湖面上出現一層薄冰，慢慢的，冰層就會愈來愈厚、愈來愈堅硬……

羅馬到底是怎麼走上衰敗之路？這是一個令很多領域的學者都很感興趣的課題，在本書中，我們雖然只用了一章來做簡單的介紹，但未來如果大家有興趣，不妨可以再主動多接觸一些相關討論。

當然，想要做任何思考和判斷之前，一定要先掌握足夠充足的資訊，對主題有一定的了解。我們這一本著重講述上古史中發生在西元後的部分，「基督教」和「羅馬帝國」是兩大重點，而有關羅馬帝國的部分，其實就是在講述「羅馬是怎麼造成的？」我們講述了好幾位羅馬帝國的帝王，從屋大維到尼祿、維斯帕先、「五賢君」、奧理良、戴克理先……等等，當然還有君士坦丁、狄奧多西一世等等。這麼多的帝王，你對哪一個帝王的印象最深？

「蠻族的入侵」這個部分的歷史非常龐雜，我們已經盡力做了清楚扼要的說明，請大家還是要留意，因為這會直接關係到接下去對西洋中古史的理解。

最後還要說，上古時期、西元元年以後的中國其實有很多大事，西元元年正值西漢，是漢平帝劉衎（西元前九～西元六年）元始元年。漢朝前後一共有四百多年，但是中間被王莽（西元前四五～西元二三年）的「新朝」攔腰斷成了兩截：西漢歷時二百一十年（西元前二〇二～西元八年），東漢則有一百九十七年（西元二三～二二〇）。只不過由於篇幅有限，我們這套書的重心又還是側重在西洋史，因此關於中國的部分我們就只講述了兩個主題。大家不妨就漢朝的歷史展開延伸閱讀。

參考書目

1 《世界通史》，王曾才／著，三民書局出版，二〇一八年五月增訂二版。

2 《寫給年輕人的簡明世界史》，宮布利希／著，張榮昌／譯，商周出版，二〇一八年三月二版。

3 《BBC 世界史》，安德魯．馬爾／著，邢科、汪輝／譯，遠足文化出版，二〇一八年九月二版。

4 《世界史是走出來的》，島崎晉／著，黃建育／譯，商周出版，二〇一七年五月初版。

5 《世界史年表》，李光欣／編，漢宇國際文化出版，二〇一五年八月初版。

6 《西洋通史》，王德昭／著，商務印書館出版，二〇一七年五月初版。

7 《西洋上古史》，劉增泉／著，五南圖書出版，二〇一五年八月初版。

8 《從黎明到衰頹》上、下冊，巴森／著，鄭明萱／譯，貓頭鷹出版，二〇一八年二月四版。

9 《西洋中古史》，王任光／編著，國立編譯館出版，二〇〇〇年八月初版。

10 《文藝復興時代》，王任光／著，稻鄉出版，二〇〇二年十一月初版。

11 《西洋近世史》，王曾才／編著，正中書局出版，二〇一二年四月三版。

12 《西洋現代史》，王曾才／著，東華書局出版，二〇一三年六月七版。

13 《西洋現代史》，羅伯特．帕克斯頓、朱莉．何偉／著，陳美君、陳美如／譯，聖智學習亞洲私人有限公司台灣分公司出版，二〇一六年十一月初版。

14 《影響世界歷史 100 位名人》，麥克．哈特／著，趙梅等／譯，晨星出版，二〇〇〇年十二月初版。

15 《中國通史》上、下冊，傅樂成／編著，大中國圖書出版，二〇一一年十月三十七版。

16 《中國近代史》，薛化元／編著，三民書局出版，二〇一八年二月增訂七版。

17 《中國現代史》，薛化元、李福鐘、潘光哲／編著，三民書局出版，二〇一六年二月增訂五版。

十三畫

十四畫

十五畫

十六畫

十七畫

十九畫

專有名詞中英對照

三畫

上帝之鞭 the Scourge of God

四畫

元首制 Principate

五賢君 the Five Good Emperors

尤特羅匹斯 Eutropius

尤維納利斯 Juvenalis、Juvenal

比利牛斯山山麓 the Pyrenees

瓦倫斯 Valens

公 Dux

五畫

卡西奧多羅斯 Cassiodorus

卡西諾山 Monte Cassino

卡里努斯 Carinus

卡利古拉 Caligula

主公 Dominus

主教 Bishop

主教區 Diocese

市邑 Civitas

司鐸（神父） Priests

尼西亞會議 Council of Nicaea

尼普頓 Neptune

尼祿 Nero

弗拉維安王朝 Flavian Dynasty

西哥德人 the Visigoths

六畫

吉朋 Edward Gibbon

伊色斯 Isis

芝諾 Zeno

西塞羅 Cicero

朱比德 Jupiter

朱特人 the Jutes

朱諾 Juno

伊色斯 Isis

安東尼努斯敕令 Constitutio Antoniniana

七畫

克洛維一世 Clovis I

克津山 Mt. Colzim

克勞狄 Claudius

李維 Titus Livius

助祭 Deacons

呂克里修斯 Titus Lucretius Carus

利奧一世 Leo I

伯 Comes

伯利恆 Bethlehem

希波城 Hippo

狄奧多西一世 Theodosius I

狄奧多西大帝 Theodosius the Great

狄奧多里克 Theoderic

汪達爾人 the Vandals

君士坦丁大帝 Constantine the Great

君士坦提阿 Constantius

阿卡狄烏斯 Arcadius

阿利烏（亞略、亞流） Arius

阿佛洛狄忒 Aphrodite

阿拉里克 Alaric

阿拉曼人 the Alamanni

阿提拉 Attila

努梅里安 Numerian

八畫

芝諾碧亞 Zenobia

亞他那修 Athanasius

東哥德人 the Ostrogoths

帕科繆 Pachomius

法蘭克人 the Franks

波伊提烏 Boethius

波塞冬 Poseidon

波羅的海 the Baltic Sea

宙斯 Zeus

九畫

柯莫丟（高達摩）Commodus

哈帝斯 Hades

哈德良 Hadrian

帝卡魯斯 Carus

施洗者約翰 John the Baptist

屋大維 Gaius Octavius Augustus

十畫

修士 monks

馬克西米安 Maximian

埃比克泰特 Epictetus

格拉提安 Flavius Gratianus Augustus

哥德人 the Goths

十一畫

畢尤 Antoninus Pius

盎格魯人 the Angles

條頓人 the Teutons

拿撒勒 Nazareth

席內卡 Seneca

涅爾瓦 Nerva

教長 Patriarchs

教宗 Pope

教會 Church

堂區 parish

曼多化城 Mantova

眾神之母 Cybele

十二畫

XBLH0003

少年愛讀世界史 卷 3
上古史 II 羅馬帝國的盛衰

作　　者｜管家琪

宇畝文化創意有限公司
社長｜馮季眉　編輯｜戴鈺娟、陳曉慈　行銷編輯｜洪絹
全套資料顧問｜劉伯理　歷史學習單元撰文｜曹若梅　特約圖片編輯｜陳珮萱
人物漫畫｜劉婷　地圖繪製｜廖于涵　美術設計｜黃子欽　封面設計｜ Joe Huang

讀書共和國出版集團
社長｜郭重興　發行人兼出版總監｜曾大福
業務平台總經理｜李雪麗　業務平台副總經理｜李復民
實體通路協理｜林詩富　網路暨海外通路協理｜張鑫鋒　特販通路協理｜陳綺瑩
印務經理｜黃禮賢　印務主任｜李孟儒

發行｜遠足文化事業股份有限公司
地址｜ 231 新北市新店區民權路 108-2 號 9 樓
電話｜ (02)2218-1417　傳真｜ (02)8667-1065
電子信箱｜ service@bookrep.com.tw
網址｜ www.bookrep.com.tw

法律顧問｜華洋法律事務所　蘇文生律師
製版｜軒承彩色印刷製版公司　印製｜通南彩色印刷公司

2021 年 2 月　初版一刷　2021 年 11 月　初版三刷　定價：420 元
書號：XBLH0003
ISBN：978-986-5505-56-1

國家圖書館出版品預行編目 (CIP) 資料
少年愛讀世界史．卷 3, 上古史．II：羅馬帝國的盛衰 / 管家琪著．-- 新北市：字畝文化出版：遠足文化事業股份有限公司發行, 2021.02
面；　公分
ISBN 978-986-5505-56-1(平裝)
1. 世界史 2. 通俗作品
711　　109022046